Gaudí 2002

Els secrets més amagats de l'arquitecte

Primera edició: febrer de 2002

Imprès a Cayfo-Quebecor, S.A.
Ctra. de Caldes, km 3
08110 Santa Perpètua de Mogoda
Dipòsit legal: B-6.711-2002
ISBN: 84-931902-9-2

Coberta: Detall dels bancs de la plaça del Parc Güell
Contracoberta: Detall de la Cripta de la Colònia Güell

Gaudí 2002

Els secrets més amagats de l'arquitecte

TEXTOS
Núria Barba - Joan Bassegoda - Maria Gorgues
Lurdes Rego - Pep Ribas - Núria Riera - Trinitat Ruiz - Xavier Sust - Joan Tort

FOTOGRAFIES
Miguel Raurich

IL·LUSTRACIÓ
Gustavo Conte-Pomi

Descobrir

Presentació

El llibre que teniu a les mans és un petit tresor. Petit, perquè si volguéssim parlar exhaustivament d'Antoni Gaudí n'hauríem de fer una enciclopèdia. Però tresor, al cap i a la fi, perquè ha estat elaborat amb molta cura, intentant allunyar-se dels tòpics que envolten la figura i acostar-se als trets més curiosos que van marcar la seva trajectòria.

És amb aquest ànim de sorprendre que hem fet una tria molt acurada de les fotos que il·lustren aquesta obra, la majoria de les quals són inèdites. Cada una de les imatges té una història al darrere, un munt de trucades i més d'una visita. Però és gràcies a aquesta persistència que alguns dels veïns dels edificis de Gaudí ens han obert les seves portes. I és a còpia de parlar amb els experts en la matèria que hem tingut en compte fins a l'últim detall de cada una de les obres de l'arquitecte català. D'acord amb aquest criteri, ens hem assessorat amb les veus més reconegudes per acompanyar les fotografies amb els textos més adients.

Voldríem afegir que amb aquest llibre ens hem permès la llicència de mirar cap al futur. Entre les seves pàgines trobareu un desplegable amb un croquis que mostra com serà la Sagrada Família un cop estigui acabada.

Finalment, no tindria sentit plantejar aquells temes que envolten l'obra de l'arquitecte sense facilitar les dades necessàries per conèixer-la de prop. Per això aquí també hi trobareu ressenyades totes les activitats previstes amb motiu de l'Any Internacional Gaudí.

LARA TORO DIRECTORA DE LA REVISTA DESCOBRIR CATALUNYA

Índex

Terrat de la Casa Milà o Pedrera. Els tècnics municipals es van quedar glaçats quan van veure acabat l'edifici. Excedia en quatre mil metres cúbics el volum autoritzat. Així que van obligar el senyor Milà a enderrocar les golfes. Al final, però, no va caldre i van declarar la casa d'interès artístic.

Una figura aïllada

L'arquitectura d'Antoni Gaudí és intemporal. I ho és perquè l'artista es va inspirar en la naturalesa, que no passa mai de moda. A més, la seva obra no només atrau els experts en art. Els infants són els qui millor capten la bellesa dels edificis.

TEXT
JOAN BASSEGODA

Al bell mig del moviment modernista, empès pels artistes i escriptors de la Renaixença, apareix la figura aïllada i impacient de Gaudí. La seva arquitectura consta només d'una vintena d'edificis però tres d'ells van ser els primers de l'Estat a ser declarats Patrimoni de la Humanitat per la UNESCO, mentre 17 d'aquests eren Monument Historico-Artístic des de 1969. Sembla rar que un arquitecte que mai no va voler publicitat de la seva obra, que va viure al marge dels corrents artístics que li foren contemporanis i que va prescindir de les opinions dels crítics, mantingui tres quarts de segle després de la seva mort, aquesta puixança i aquesta fama de caràcter certament mundial.

Per entendre aquest fenomen cal conèixer l'origen de Gaudí, nascut al si d'una família menestral, sense arquitectes ni abans ni després d'ell, educat als Escolapis de Reus i graduat d'arquitecte a Barcelona amb un caràcter irregular, car la seva imaginació anava un xic més enllà de les ensenyances acadèmiques.

L'arquitectura de Gaudí és fruit d'una observació detinguda de la naturalesa en els seus regnes mineral, animal i vegetal, observació destinada no solament a prendre exemple de les molt agradables formes i colors de les flors, els arbres, els núvols i les ones de mar, sinó també a descobrir la geometria de les estructures naturals. Geometria, cal precisar-ho, ben diferent de la que els arquitectes han utilitzat des de l'inici de la història.

Aquesta geometria de les estructures dels troncs dels arbres, dels ossos dels esquelets dels mamífers o de les formes de muntanyes i els cingles, és la que Gaudí transferí a l'arquitectura. Aquesta circumstància fa que la seva obra sigui fonamentalment tan diversa de la resta dels arquitectes, anteriors o contemporanis, i li dóna un caràcter intemporal, car la naturalesa, la gran mestra de Gaudí, no ha passat mai de moda, com no passa de moda ni cansa l'observació de l'obra gaudiniana.

Una ingenuïtat gairebé infantil

Amb la seva poderosa imaginació, amb una ingenuïtat moltes vegades gairebé infantil, amb una tenacitat sense fi i amb gran esperit franciscà, ple d'espiritualitat, pogué construir uns pocs edificis que exulten bellesa i atrauen, no solament els estudiosos de l'art, sinó també als profans en arquitectura i, molt especialment, els infants, els quals veuen l'obra de Gaudí amb ulls plens a vessar d'innocència.

L'arquitectura del mestre entra pels ulls i va directe a l'ànima, no necessita explicacions dels crítics ni d'estudis històrics. La contemplació del Parc Güell, la Sagrada Família, la Casa Batlló, el drac de la porta de la Finca Güell, seu de la Reial Càtedra Gaudí, o el terrat de la Pedrera, aixeca l'esperit i fa entendre que en l'obra d'aquest arquitecte hi ha un tuf de creació divina, unaelevació de l'ànima, que pot fruir de la millor arquitectura que mai ha concebut persona humana. □

JOAN BASSEGODA (Barcelona, 1930)
Conservador de la Reial Càtedra Gaudí, és arquitecte de la Catedral de Barcelona. Va rebre la Medalla d'Or de les Belles Arts el 1997.

← **El banc ceràmic del Parc Güell es va iniciar quan Gaudí tenia 59 anys. La forma serpentejada dels bancs permet en uns llocs asseure's acompanyat i en uns altres, sol.**

La Casa Batlló (1904-1906) representa el punt culminant de l'arquitectura naturalista de Gaudí. Així, es creu que les tribunes de la Casa Batlló (a la foto, amb la decoració de Nadal) tenen forma dels ossos dels peus. La casa està revestida de trossos de vidres de colors i rematada amb formes orgàniques de ceràmica vidriada.

El perfil d'un
home reservat

Vestia roba de color negre. Mai no portava abric, ni tan sols en els hiverns més freds. Caminava amb unes sabatilles de sola de goma i sempre amb les mans a la butxaca. A més, Antoni Gaudí era molt tímid i només parlava ocasionalment.

TEXT **TRINITAT RUIZ**

Gent del camp, gent del llamp", diu la frase feta, que segons el director del Museu Gaudí, Josep Maria Garrut, s'aplica amb tots els ets i uts al caràcter de l'arquitecte Antoni Gaudí. A més del conegut mal geni de l'artista (segons l'arquitecte Joan Bassegoda, li agafaven "rampells d'ira"), també se sap que era un home reservat, tímid i que quan parlava amb algú mantenia extensos monòlegs. Aquests trets ens dibuixen un home que més d'un ha qualificat de "persona estranya". Potser la manera de vestir també donava peu a pensar-ho. Segons Josep Maria Garrut, que quan tenia cinc i sis anys es creuava amb l'arquitecte pel carrer Bou de Barcelona, sempre anava vestit de negre i de qualsevol manera. Per això s'entén que el 7 de juny del 1926, en què Gaudí va ser atropellat per un tramvia a Gran Via cantonada amb Bailén, portava la jaqueta cordada per imperdibles. Bassegoda assegura que quan la roba "li queia a trossos", els seus col·laboradors li compraven

Auca d'una resposta del senyor Gaudí

1 Tothom n'ha sentides dir
d'aquest gran senyor Gaudí

2 que cada hora –no s'hi val!–
fa una cosa genial

3 i no deixa viure en pau
l'home savi ni el babau.

4 Ell alçava amb ferro vell
l'alta gàbia d'En Güell.

5 Arma un temple a Sant Martí
que mai més no tindrà fi.

6 Ningú diu de can Calvet
que no fa calor ni fred.

7 En un Parc posa En Gaudí
l'Orient a estil d'ací.

8 La gran Seu dels mallorquins,
l'esbotzà de part de dins.

9 Amb la casa d'En Batlló
burxa el neci espectador,

10 i amb la casa d'En Milà
es pot dir que el va aixafar.

11 Ara ha fet una maqueta
d'una església "maqueta".

12 És el temple i cada altar
tot de fil d'empalomar.

13 Però l'èxit d'En Gaudí
ve d'allò del violí.

14 Per cinc cèntims ho sabreu
(de les auques és el preu).

15 Dona O Comes i Abril
va guarnir un saló d'estil.

16 L'estil era... no ho sé pas.
Un Lluís que no ve al cas.

17 Ella té un oncle segon
que ha rodat per tot el món.

18 Un matí que era al Midi,
se li ocorre de venir.

19 Mes s'atura: –A la neboda
dec encar present de boda.

20 Què li duc, què no li duc...,
convindrà que hi tingui lluc.–

21 Vol quelcom de faramalla,
i de sobte deia:– Calla!

22 De petita l'he sentit
fent escales dia i nit,

23 que eren, ai, per "desiguales",
la terror de les escales.

24 Un piano li daré;
tant se val que quedi bé.–

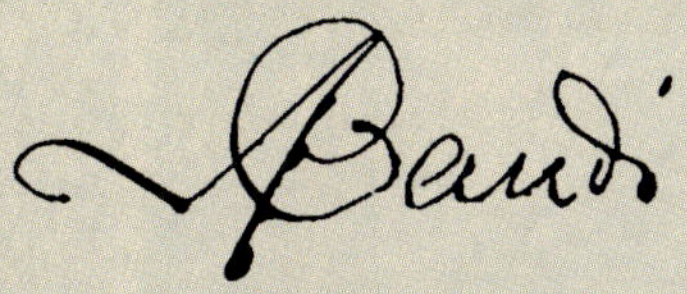

uns pantalons i una jaqueta nova. De Gaudí també se sap que era seguidor de la hidroteràpia inventada per l'abat alemany Kneipp. És a dir, que bevia molta aigua, i menjava molta fruita, verdura, i altres aliments que estiguessin crus. Josep Maria Garrut diu que una vegada el metge Trias (que era una de les tres persones, comptant-hi Gaudí, que va viure al Parc Güell) va veure l'arquitecte assegut en una cadira i amb els peus dintre d'una palangana d'aigua. I és que des del 1906 fins gairebé el 1926 l'artista anava caminant cada dia des del Parc Güell fins a la Sagrada Família. A la tarda visitava altres obres, com la casa Batlló o la Pedrera, i després, al vespre, se n'anava a veure el seu guia espiritual, el pare Agustí Mas. Després tornava al Parc. I això tenint en compte que portava uns silencis: unes sabatilles de sola de goma amb pelfa per damunt. □

A dalt, Gaudí amb 26 anys. A baix, el poeta Josep Carner relata una resposta que l'artista va dir a la filla del comte Eusebi Güell.

FOTO: IMATGE CEDIDA PER L'ARXIU MAS

Josep Carner, *Auques i ventalls.* Ed. 62 "Els Llibres de l'Escorpí"

25 I ja posa un telegrama:
–Cua Erard per una dama.–

26 Ell arriba (per Cerbère)
i el piano ja l'espera.

27 Envers la senyora Comes
el duu un "pessetero" amb gomes,

28 i mant camàlic que sua
puja el piano de cua.

29 Per sorprendre-la, era un dia
que la senyora tenia,

30 alleujant la consciència,
"cine" de beneficència.

31 Porten, amb emoció,
el gran fòtil al saló.

32 La neboda va arribar:
–Oncle– Noia! (Allò que es fa.)

33 En mirar el present novell
dona O no cap en pell.

34 Però fa un veí subtil:
–El piano no és d'estil!

35 –Com ho fem? I el vull lluir!
Ja veuràs, crido En Gaudí.–

36 Ell, molt fi, ve de seguida.
–Què volia, si és servida?

37 –Ja coneix– diu ella humil–
que el saló tot és d'estil.

38 Sense fer cap dany a l'art,
on posem aquest Erard?–

39 En Gaudí mira el saló
amb aquella atenció.

40 Ressegueix tots els indrets
i mesura les parets.

41 D'un brocat alça les gires
i separa cinc cadires.

42 I aleshores, somrient,
va movent el cap d'argent.

43 La senyora, esperançada,
va a saber-li l'empescada.

44 –Tanmateix, senyor Gaudí!
Digui, digui, ja pot dir.–

45 Don Antoni, amb la mà dreta,
es rascava la barbeta.

46 –És vostè– diu molt atent–
qui es dedica a l'instrument?–

47 La senyora que li explica:
–Oh, veurà. Toco una mica.–

48 I va dir el senyor Gaudí:
–Miri, toqui el violí.

MANEL ARMENGOL

Al costat de la porta principal del Parc Güell hi ha dos edificis. Un estava destinat a habitatge dels porters (a la foto, la coberta culminada amb el bolet *Amanita muscaria*). L'altre, el pavelló dels serveis, contenia un telèfon i la sala de visites. Els propietaris de les cases hi podien rebre els visitants que no eren de prou confiança.

Solidari amb els obrers

A Santa Coloma de Cervelló, el comte Eusebi Güell va fer construir una **colònia obrera al voltant d'una fàbrica de pana i vellut**. Com que aviat l'església de la colònia es va quedar petita per a la comunitat obrera, Antoni Gaudí es va encarregar de dissenyar-ne

una de nova. Finalment, només es va poder construir la **cripta de l'església de la Colònia Güell** (damunt aquestes ratlles) perquè l'obra es va interrompre el 1917. El cas és que se sap que l'arquitecte havia llegit llibres sobre els problemes de les classes treballadores. Potser per aquest motiu, Gaudí també va projectar la **reforma d'una casa antiga de Mataró per convertir-la en casino recreatiu i cultural** per als treballadors de la indústria tèxtil i, a més, va construir dos habitatges aparellats per als obrers.

Significats ocults

La riquesa simbòlica de Gaudí és tal, que dóna per a teories de diversa índole. Només cal posar-hi una miqueta d'imaginació. Com la demostrada per qui equipara la Sagrada Família a una jornada castellera. Aquí teniu altres interpretacions.

TEXT **XAVIER SUST**

Teoria pràctica

Hi ha els partidaris d'endevinar en les baranes dels balcons de la Casa Batlló unes calaveres de significat inequívocament maçònic (de moment encara no s'ha relacionat Gaudí amb la pirateria). Però la interpretació més coneguda és la que les assimila a unes màscares venecianes. Gaudí n'hauria vist quan desfilava pel passeig de Gràcia la rua del carnaval barceloní. També hi ha els que estan convençuts que les baranes són fonamentalment pràctiques i no representen res: el forats serien només per poder veure el carrer al seu través, i els suports laterals anirien bé per no malmetre la llosa.

MÀSCARA CEDIDA PER MENKES

No era un secret, sinó un secretari

Ara som al terrat de la Pedrera. En un racó hi ha una inscripció enigmàtica: "REBLED". Després d'analitzar-la en profunditat, es va concloure que allò era un missatge subliminal en llatí de la baixa època, indesxifrable amb els coneixements d'avui dia. I aquesta és una altra hipòtesi que ens ha proporcionat el senyor Joaquim Rebled: "És el cognom del meu pare, que era el secretari dels Milà. Els feia de xofer, s'encarregava del manteniment de la calefacció. Va fer el seguiment de les obres, i suposo que devia demanar a algun paleta que l'immortalitzés. O bé ho devia fer ell mateix. Qui sap. Probablement, Gaudí ni tan sols va arribar a descobrir-ho mai."

Germana xinxa

De vegades la simbologia gaudiniana no es presta a equívocs. I s'entén a la primera. Això és, per exemple, el que passa amb el picaporta de la Casa Calvet: quan hom el fa servir, colpeja una creu damunt d'una xinxa. Com més enèrgicament truca, més ajuda al bé en la seva lluita contra el mal. En vista que la beatificació d'Antoni Gaudí va per bon camí, i que això voldrà dir que es garanteix que l'arquitecte és al cel, ens preguntem què li haurà comentat sant Francesc d'Assís allà dalt estant, a l'entorn de la simbologia d'aquell picaporta.

No s'ha de creure l'increïble

Situem-nos ara al Parc Güell. Aquí, el nom del finançador de l'obra figura amb totes les lletres. I dins d'algunes hi ha estrelles de cinc puntes. Com les maçòniques. Però els defensors d'una visió uniformement catòlica de la vida de Gaudí estan en contra d'identificar-les com a tals, i opten per considerar que cada punta correspon a una lletra del cognom Güell. Afirmen que el geni del Baix Camp mai no va pertànyer a cap lògia. Que, altrament, s'hauria sabut, perquè tampoc no és cert que fa cent anys la maçoneria estigués tan perseguida. Des de la perspectiva religiosa, en definitiva, es considera que s'ha de ser molt curós amb segons quines asseveracions: abans de donar-les per bones, cal poder-les demostrar.

Intermediaris culturals

A l'entrada de la finca Güell hi ha un drac que s'ha dit que simbolitzava sant Jordi. Però això és com pretendre que un porc pot representar sant Antoni (i ja es veu de seguida que no). Aquell drac cal entendre'l fent parella amb l'arbre al qual està encadenat. Un taronger. La cosa va del penúltim dels treballs d'Hèrcules, ben coneguts de nosaltres mercès a *Les 12 proves d'Astèrix*. No ens reca d'admetre-ho perquè al cap i a la fi la referència d'Antoni Gaudí tampoc no era de primera mà. Ell tampoc no havia begut dels clàssics, sinó de la descripció d'aquell treball d'Hèrcules feta per un amic seu, de nom Jacint Verdaguer, a les pàgines d'un llibre que es diu *L'Atlàntida*.

Podria haver estat pitjor

I retornem al Parc Güell on, entrant a mà esquerra, tenim el famós barret de trencadís vermell amb xicres blanques. Sabut és que Gaudí s'inspirava en la natura, i que la reproduïa en molts detalls de la seva obra. I aquell espirall remet a un bolet, de totes totes. Sembla la llar d'un gnom. Però hi ha qui ha anat més enllà, per endevinar-hi un tipus concret de bolet, una *Amanita muscaria* (de propietats al·lucinògenes), que certificaria que l'arquitecte era drogoaddicte. El senyor Joan Bassegoda, de la Càtedra Gaudí, ironitza: "Encara sort que no va posar-hi una *Amanita phalloides*" (coneguda també com farinera borda, el verí de la qual pot ser mortal).

Crònica de la mitologia oculta

A la reixa de la Casa Vicens hi ha una petita palmera que feia pensar en Egipte, aquell país tan ric en mitologies. Només que la planta és ben catalana (es tracta de l'única espècie de palmera que es localitza a Europa) i era freqüent als nostres jardins de l'època, com al de la Casa Vicens o al de la finca Güell (on encara n'hi ha avui dia). Als jardins, el margalló tenia una funció decorativa; però si Gaudí n'hi hagués volgut donar cap de simbòlica, la veritat és que la tria hauria estat encertada. Perquè aquella planta és molt habitual Catalunya, un altre país ric en mitologies.

La construcció de la Casa Milà o Pedrera (a la foto, el pati interior) va ser senzilla, segons l'arquitecte Joan Bassegoda. Les façanes principals són de pedra, que està aguantada per una estructura de ferro. Interiorment gairebé no hi parets perquè l'estructura és lliure, sostinguda per pilars de pedra, maó o ferro colat.

Viure en un monument

Les famílies que passen els seus dies en una casa dissenyada per Antoni Gaudí veuen inconvenients i avantatges al fet que molta gent estigui interessada a entrar a la seva llar. L'arquitectura també presenta aspectes positius i negatius per a la convivència.

TEXT **TRINITAT RUIZ**

Casa Vicens, 1883. "Tinc molt assumit que visc en una casa que és un monument", diu Fabiola Jover, que des del dia que va néixer, ara fa setanta-set anys, ha viscut a la Casa Vicens o Casa Carolines, situada al carrer de les Carolines del barri de Gràcia de Barcelona. I és que hi va haver una vegada un arquitecte que, tal com si es tractés del rei Midas, va convertir tot allò que va tocar-dissenyar en or-monument.

El 1878, el ceramista Manuel Vicens i Montaner va encarregar a Gaudí que projectés una casa en un solar que la mare de Vicens havia adquirit uns anys abans. Fabiola Jover apunta que el 1883 es va començar a construir la casa i es creu que el 1888 encara no estava acabada. Sigui com sigui, abans del 1900 els pares de Fabiola Jover, Antonio Jover i Àngela González, ja l'havien adquirida a Manuel Vicens. I és per aquest motiu que tots els records de la vida de Fabiola estan estretament lligats a la Casa Vicens. "Recordo que els meus pares parlaven molt amb Gaudí, especialment quan van decidir, el 1925, reformar la casa. Llavors, l'arquitecte els va dir que ell no se'n podia fer càrrec perquè estava submergit en la Sagrada Família. Gaudí va aconsellar als pares l'arquitecte Joan B. Serra de Martínez, que va ser qui va duplicar la superfície de la casa", assegura Jover. Fabiola Jover també desgrana altres records, com aquells que la situen a l'hora dels àpats dels dies festius. "Tots dinàvem al menjador, que va ser dissenyat com-

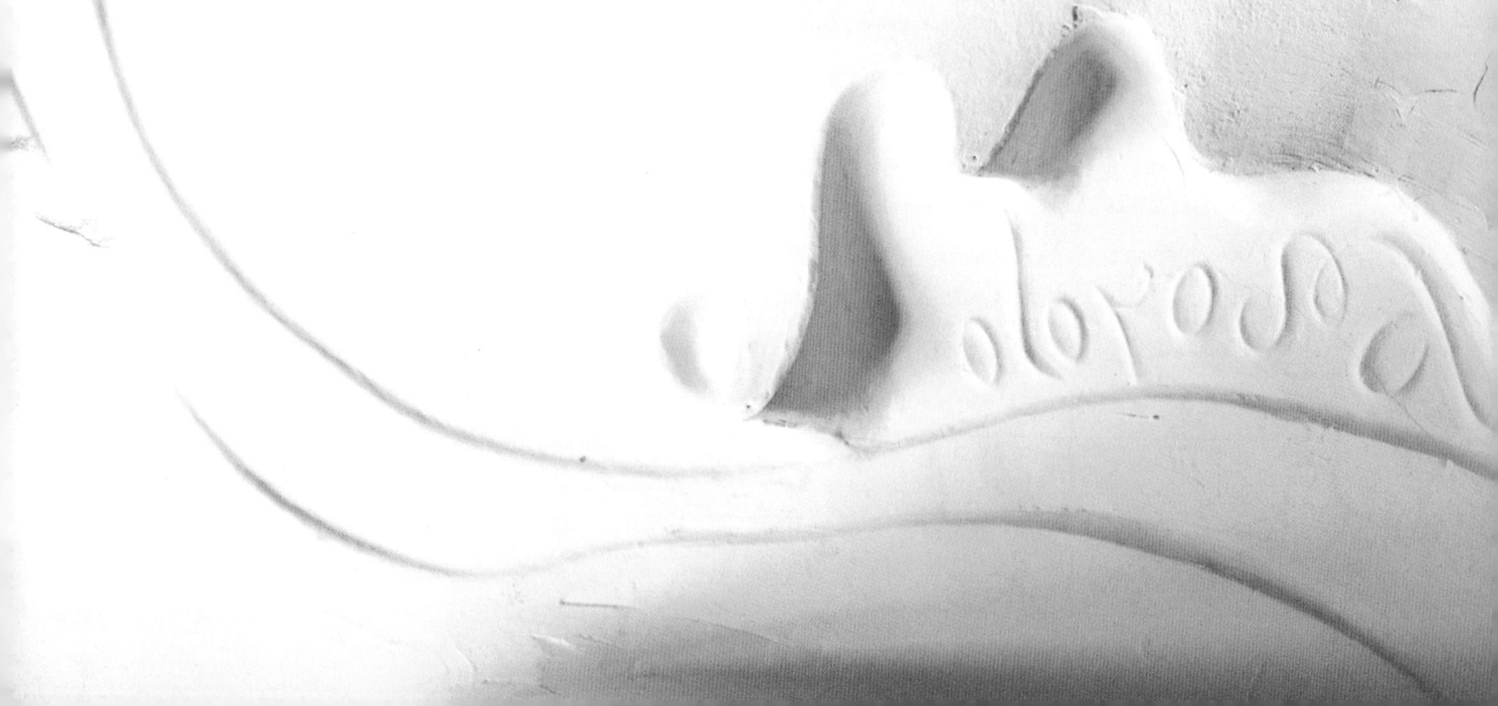

MANEL ARMENGOL

pletament per Gaudí, inclosos els mobles. I quan acabàvem de menjar i s'iniciava la sobretaula, els homes s'aixecaven i se n'anaven a la sala dels fumadors. En aquesta sala annexa al menjador els homes parlaven dels seus temes, potser de negocis i, és clar, fumaven."

Els panys dels mobles

Ella mateixa explica les excel·lències del menjador, que manté intactes els desigs de l'arquitecte: "al mur hi ha representada una heura grimpadora en relleu, sobre fons daurat, i molts ocells que tenen les ales esteses". Ara bé, el pas del temps també ha fet de les seves: les inevitables fuites d'aigua van fer malbé una part dels ocells d'una paret. Amb tot, el que el pas dels

Els sostres dels pisos de la Casa Milà o la Pedrera són ondulats i presenten relleus on hi ha paraules escrites (a la foto, *modestia olorosa*). En alguns altres fins i tot s'hi pot llegir el mot *terrible*.

Una de les llegendes que s'explica de la Casa Bellesguard (a l'esquerra) és que en una part de les muralles que l'envolten hi ha enterrat el bandoler Joan de Serrallonga. A l'habitació dels maons o golfes (a dalt), la família Guilera representa, per Nadal, els Pastorets.

anys no ha espatllat són els panys dels mobles. "Són uns panys que tenen més de cent anys i funcionen com si fos el primer dia", diu Fabiola, que sovint ha rebut persones que han volgut estudiar detingudament el funcionament de la tanca dels mobles dissenyada per Gaudí. I mentre fa aquestes consideracions, mira el jardí a través de les grandioses finestres del menjador. Ara el jardí ja no és tan gran com quan ella era petita, quan hi havia jugat durant llargues estones. Gaudí va dissenyar-lo amb palmeres, un brollador de ceràmica, una cascada d'obra vista amb un arc parabòlic, un templet angular... Tot això va anar desapareixent a poc a poc, perquè, segons Fabiola Jover, "mantenir un jardí que arribava fins al carrer del Príncep d'Astúries era molt costós, a causa dels impostos sobre els solars no edificats".

Casa Calvet, 1900. Els successors del fabricant Pere Calvet van encarregar a Gaudí que construís una casa de pisos de lloguer a l'Eixample, a l'anomenat "barri dels Fabricants", al número 48 del carrer de Casp de Barcelona. Segons Joan Bassegoda, "en el cas de la mansió Calvet, Gaudí va cenyir-se a les necessitats d'una casa entre parets mitgeres, amb escasses possibilitats de lluïment". Amb tot, quan el 1900 la Casa Calvet va estar construïda, l'Ajuntament va atorgar a l'arquitecte el premi que es concedia al millor edifici que hi havia construït a la ciutat.

Actualment, a la casa hi viu Santiago Llença, que si bé lloa l'arquitectura de la casa remarca els inconvenients de viure en un espai dissenyat per Antoni Gaudí. "Constantment rebo trucades de gent que vol conèixer la casa. I les trucades són a qualsevol hora del dia", diu Santiago Llença, que troba "molts més problemes al fet de viure en una casa de Gaudí que avantatges".

Peixos amb quatre barres

Al banc d'entrada de la Casa Bellesguard hi ha un peix que al seu llom porta les quatre barres. **Segons l'arquitecte Joan Bassegoda, el va fer Domènec Sugrañes**, que va ser qui va acabar la construcció de Bellesguard. Bassegoda opina que **Gaudí s'hauria enfadat si hagués vist que Sugrañes construïa una cosa que ell no havia previst**. Quan les cròniques de l'edat mitjana parlaven de les possessions de la Corona d'Aragó per la Mediterrània deien que n'hi hauria tantes que tots els peixos portarien les quatre barres.

Un habitatge als quatre vents

Casa Bellesguard, 1900-1909. Lluny de l'Eixample, el poeta de l'edat mitjana Bernat Metge, secretari del rei Martí I l'Humà, va batejar una casa situada al vessant de la serra de Collserola amb el nom de Bellesguard. En aquella casa va viure l'últim rei de la dinastia catalana. Molts segles després, l'any 1900, Antoni Gaudí va rebre l'encàrrec de projectar "un habitatge als quatre vents" (segons Joan Bassegoda) als mateixos terrenys que havien albergat la masia del

FRANCESC ANGLÈS

El traumatòleg i escultor Francesc Anglès va viure a la Pedrera entre el 1985 i el 1995 en un pis de 375 m² (a dalt). Fa uns anys viure en un pis de la Pedrera costava uns 752 € al mes, incloent-hi el pàrquing. Actualment cal pagar uns 1.800 € de lloguer.

Una de les característiques dels pisos de la Pedrera és la il·luminació que entra per totes les habitacions (a dalt, el menjador i una habitació de la llogatera Carme Solà). En qualsevol racó del pis sempre hi ha finestres.

rei Martí i que llavors només conservaven les restes de part d'una muralla. Antoni Gaudí va dissenyar la casa en homenatge a Martí I l'Humà. L'arquitecte Joan Bassegoda apunta que "va refer la muralla i va edificar una mena de castell roquer inspirat en les formes del gòtic civil català del segle XV, amb arcs de mig punt, finestres biforades i coronelles, una alta torre acabada en agulla i un cinturó de merlets al terrat". Un any després que acabés la Guerra Civil, el 1940, el llavors director del pavelló d'Oncologia de l'Hospital de Sant Pau de Barcelona, Lluís Guilera Mola, va adquirir la casa castell, situada al carrer de Bellesguard de Barcelona, i hi va crear una clínica. Durant uns anys a la planta baixa hi va haver la Maternitat, on treballava el fill del propietari, Lluís Guilera Soler, i la seva dona, Amèlia Roche. Els anys que va funcionar la clínica, al pis de dalt de la casa hi van viure els propietaris, però, després d'un temps, la família Guilera es va adonar que la casa era massa petita per acollir la Maternitat i va decidir tancar-la. Llavors la planta baixa es va convertir en l'habitatge del matrimoni Lluís Guilera Soler i Amèlia Roche. Des de llavors han viscut mil i una experiències. Especialment des que la ronda de Dalt, que passa molt a prop de Bellesguard, ha apropat més interessats en la construcció. I és que tots dos també són conscients que viuen en un monument. "No hi ha dia que ens en puguem

La funció de la sala dels fumadors de la Casa Carolines (a l'altra pàgina) era separar les converses dels homes i les dones després dels àpats. A l'esquerra, l'exterior i el menjador de la casa, a les parets del qual hi ha ocells dibuixats.

oblidar. Per això deixem obertes les portes d'entrada del jardí, perquè els turistes puguin passejar-hi i contemplar l'exterior de la casa", afirma el matrimoni. Amb tot, Amèlia es dol que dels mobles que va dissenyar Gaudí per a la Casa Bellesguard no en quedi cap: "durant la Guerra Civil, la casa va acollir un orfenat i, com que no hi havia calefacció, tots els mobles es devien cremar per escalfar les estances".

El cert és que, als hiverns, la Casa Bellesguard és molt freda: "Primer, perquè els sostres són molt alts; segon, perquè la casa està feta de pedra, que sempre és freda, i, tercer, perquè les finestres són molt grans, és a dir que hi ha molt de vidre, que mai no aïlla el fred." De manera que actualment viure a la Casa Bellesguard significa "gastar-se una fortuna en calefacció". Però el que en un principi sembla un inconvenient es converteix després en un fet positiu, perquè "a l'estiu, la pedra no deixa passar la xafogor de l'exterior. És a dir, que a dins de la casa als mesos calorosos s'hi està ben fresquet".

Casa Milà o la Pedrera, 1910. Quan el barceloní Pere Milà i Camps va veure acabada la Casa Batlló, que Gaudí havia construït al passeig de Gràcia, de seguida va encarregar a l'autor una gran casa de pisos de lloguer al mateix passeig, cantonada amb Provença. Segons Joan Bassegoda, com que la façana de pedra presenta constants entrants i sortints, l'edifici es va començar a conèixer amb el nom de "pedrera".

El fotògraf i periodista Manel Armengol va ser un dels llogaters d'un pis de la Casa Milà; hi va viure del 1981 al 1983. Segons Armengol, "el fet de viure en una casa on tots els espais tenien formes arrodonides, donava a l'habitatge un aire novel·lesc". L'arrodoniment de les formes tenia un gran avantatge per a Armengol, ja que proporcionava "una gran sensació d'acolliment". Com que Armengol no tenia gaires mobles al pis, quan plovia, "el so de la pluja que se sentia des del pis era sorprenent".

Turistes famosos

En aquest sentit, recorda una tempesta d'estiu d'un agost dels anys vuitanta, en què amb les finestres obertes va poder comprovar com el so de la tempesta es multiplicava i s'amplificava per tot el pis. En un altre pis de la Casa Milà va viure, entre el 1985 i el 1995, el traumatòleg Francesc Anglès, que va rebre a casa, com a turista interessat en l'obra de Gaudí, el director de la pel·lícula *West Side Story*, Robert Wise. "Després que el director visités la casa, em va suggerir que creés un llibre de visites perquè totes les persones que hi anessin firmessin. La idea em va agradar, de manera vaig recollir més de cinquanta signatures. Algunes d'interessants, com la del cantant d'U2 o les de la plana major de la Nissan, un grup de japonesos que van pujar al pis i es van quedar meravellats. Ara conservo unes pàgines indesxifrables en japonès." Així és com Francesc Anglès també va ser conscient que vivia en una casa d'interès general. □

Trinitat Ruiz (Vilanova i la Geltrú, 1974)
Llicenciada en Filologia Catalana, ha estudiat Periodisme a la Universitat Pompeu Fabra. Actualment és redactora de *Descobrir Catalunya*.

La façana de la Casa Calvet (a dalt), al carrer Casp de Barcelona, es va fer amb pedra de Montjuïc. Al terrat hi ha tres caps de sants escultòrics: sant Pere Màrtir, sant Genís d'Arles i sant Genís de Roma.

MANEL ARMENGOL

Gaudí va crear dibuixos en relleu per a cada una de les habitacions dels pisos de la Casa Milà. De manera que quan es passeja per les estances es pot percebre un món irreal. Així, els sostres es mouen com la superfície arrissada d'un llac. A la foto, una de les sales d'un pis que actualment habita la interiorista Clementina Liscano.

Fira de Santa Llúcia.

Façana del Naixement.

Pont que comunica les torres.

La Sagrada Família

El temple enllestit

La Sagrada Família va consagrar Antoni Gaudí com a creient. En les següents pàgines, una il·lustració imagina com serà l'església d'aquí a quaranta anys; és a dir, en el moment que es creu que les obres estaran completament acabades.

TEXT **NÚRIA RIERA** IL·LUSTRACIÓ **GUSTAVO CONTE-POMI**

Durant els primers anys de carrera d'Antoni Gaudí, cap al 1870 aproximadament, l'arquitecte va decidir, amb dos amics més, reformar el monestir de Santa Maria de Poblet. Tots tres van redactar una extensa memòria sobre el pla de restauració i van programar un estudi econòmic per al finançament de l'obra. És més, fins i tot a l'estudi esmentat van proposar les possibles finalitats culturals del complex monacal.

Això és gairebé tot el que es coneix de la primera intervenció de l'artista del Baix Camp en una obra religiosa. Més tard, el 1876, "va dedicar quaranta hores a delinear l'absis i el cambril del monestir de Santa Maria de Montserrat", assegura l'arquitecte Joan Bassegoda. Ara bé, el projecte pel qual Gaudí va ser tingut com un home creient en la fe catòlica va ser la Sagrada Família. L'artista en va assumir les obres el 1883. És a dir, un any després que l'arquitecte diocesà Francesc de Paula del Villar hi hagués col·locat la primera pedra. El cas és que Gaudí va dedicar quaranta-tres anys a la construcció, els deu darrers amb dedicació exclusiva, i que ell mateix va reconèixer que el temple seria obra de moltes generacions. El fet que l'arquitecte estigui enterrat a la cripta de la Sagrada Família demostra l'estret lligam de l'artista amb l'obra. Pel camí de la seva vida professional van quedar altres intervencions en obres religioses, com el disseny del I Misteri de Glòria al camí de la Santa Cova de Montserrat el 1900. Llavors l'arquitecte va manar que es prolongués una cova que hi havia a tocar del camí. Al fons hi va col·locar el sepulcre buit amb les tres Maries i l'àngel que explica el miracle de la resurrecció. Com que la cova està orientada cap a orient, el dia de Pasqua de Resurrecció, que coincideix aproximadament amb l'equinocci primaveral, el primer raig de sol s'introdueix al sepulcre buit. □

La Sagrada Família

Es preveu que s'acabi el 2041

Agulles de les torres campanars: Els encapçalaments de les torres (de 25 metres) són fets de vitralls i mosaic venecià. Els terminals representen els bisbes, successors dels àpostols, i els seus atributs: l'anell, el bàcul, la mitra i la creu.

Campanars dels Àpostols: Cada façana està coronada per quatre torres campanars i cada un d'ells porta el nom d'un dels àpostols. Gaudí tan sols en va veure un de finalitzat abans de morir i ara ja n'hi ha vuit de construïts; els que corresponen al Naixement i a la Passió. Les torres campanar de la Glòria seran una mica més altes, però sempre guardant la proporció respecte de les que ja hi ha fetes. Són de planta quadrada a la base, que es van fent circulars a mesura que guanyen alçada. Fan una estatura mitjana de 75 metres d'altura, als quals s'han de sumar els 25 metres de l'encapçalament.

Nau central: S'ha acabat de cobrir recentment, excepte el transsepte, i es preveu que de cara al 2007 tot el temple ja estarà cobert. Aquesta estarà sustentada per una columna situada a 45 metres d'alçada. Una sèrie d'obertures circulars que s'han construït amb la tècnica de la volta catalana en permetran l'entrada de llum.

Façana de la Glòria: Situada a migdia, probablement serà l'última part que es durà a terme a causa de les importants implicacions urbanístiques que comporta. Representarà l'ascenció de Jesucrist al cel, amb la qual cosa principalment hi haurà figuracions de núvols amb inscripcions al·legòriques. Quan es va començar a construir el temple, no hi havia cases als voltants. Per això el projecte inicial preveia que rodejant aquesta façana hi haguessin jardins.

Façana de la Passió: Situada a ponent (les escultures són de Josep M. Subirachs), mostra de forma serpentejant escenes que van del Sant Sopar a la crucifixió i enterrament de Jesús. Hi ha un criptograma al costat del bes de Judes, que es miri com es miri, sempre acaba sumant 33, l'edat de Jesucrist quan va morir a la creu.

Cimbori de Jesucrist: Serà la punta més alta d'aquesta obra monumental. Mesurarà 150 metres (més els 20 metres de la creu final) i presidirà Barcelona, sense arribar a excedir l'alçada de Montjuïc. Al centre d'aquesta enorme creu hi haurà un anyell i tota ella anirà recoberta de vidres i vidrieres que reflectiran la llum del sol.

Cimbori de la Mare de Déu: Serà la segona torre més alta del temple amb 140 metres i cobrirà l'absis. D'aquest cimbori tan sols hi ha uns quants croquis, però se sap que anirà presidit per un gran estel.

Cimbori dels Evangelistes: Els cimboris, a banda que fan de teulada d'una de les parts del temple, serveixen per donar llum i vida al seu interior. Aquests existeixen només sobre paper i en maqueta. En total n'hi haurà quatre, un per a cada Evangeli, i el seu cos principal farà 100 metres d'alçada més els 25 metres de l'agulla.

Sagristies: N'hi haurà dues, situades als angles nord i oest del claustre. La seva forma serà com la dels cimboris però en tamany reduït. Es preveu que quan estiguin construïdes faran la funció de centres de serveis socials i pastorals.

Façana del Naixement: Situada a llevant, consta dels quatre campanars i tres pòrtics que corresponen a la Santíssima Trinitat; hi ha el de la Fe, el de l'Esperança i el de la Caritat. Entre els tres pòrtics hi ha dues columnes amb tortugues, de mar o de terra segons des d'on es mirin. Uns àngels anuncien amb les seves trompetes la fi del món. Per fer les figures representades en aquesta façana, Gaudí va utilitzar motlles extrets de persones reals. Fins i tot l'ase que apareix en l'escena de la fugida a Egipte es va fer a partir de la figura d'un ruc autèntic.

Antoni Gaudí va treballar des del 1883 fins al 1926 a la Sagrada Família (a la foto, vista des de la façana de la Passió, acabada recentment). I malgrat que no va finalitzar el temple, en va deixar acabada la maqueta general i en va explicar clarament la simbologia dels elements. Amb tot, no va fixar les tècniques constructives.

El Palau Güell (1886-1890) va ser creat com a ampliació de la casa que la família del comte Eusebi Güell tenia a la Rambla. L'arquitecte va dissenyar moltíssims detalls, com la cúpula del saló central (a la foto), que la va perforar perquè adquirís un moviment rotatori com el d'un sistema d'estels que gira entorn d'un astre central.

Els mecenes de l'època

Els clients d'Antoni Gaudí van ser industrials, com fabricants de ceràmica o de pastes de sopa. I n'hi va haver d'altres, com el comte Eusebi Güell, que realment van marcar la trajectòria vital i artística de l'arquitecte.

TEXT **MARIA GORGUES**

Gaudí va dissenyar tots els petits detalls de les cases. A l'esquerra, el timbre exterior de la Casa Calvet.

Malgrat el que potser algunes vegades s'ha dit, Antoni Gaudí no va crear els fanals situats al passeig de Gràcia (a baix, un detall en ferro forjat). Els fanals es van fer després de la mort de l'artista.

L'any que Gaudí va acabar la llicenciatura d'Arquitectura, el 1878, va dissenyar els fanals de la plaça Reial (a dalt) i els de Pla de Palau de Barcelona. Els fanals tenen el peu de pedra i el tronc i els braços de ferro i de bronze.

En el moment que l'estudiant Antoni Gaudí, de 17 anys, arriba a Barcelona poc s'imagina que la seva vida, i la seva obra, quedaran fortament lligades a la ciutat. A Barcelona serà testimoni d'un dels períodes més importants de la història recent: el que va des de la proclamació de la Primera República fins a la Dictadura de Primo de Rivera. A "la gran encisera" lligarà una forta amistat amb Joan Maragall i compartirà, amb Verdaguer i el futur bisbe Torres i Bages, el camí de la Renaixença i del catalanisme més conservador. L'Exposició Universal de 1888 no serà cap èxit professional per a Gaudí i la reforma del Saló de Cent de l'Ajuntament se li escaparà, però, en canvi, serà un personatge carismàtic a la ciutat comtal. La burgesia barcelonina serà la clienta principal de Gaudí; una classe que es

Hi ha qui sosté l'opinió que els cellers Güell del Garraf (a dalt) van ser obra d'un ajudant de Gaudí, Francesc Berenguer. El cas, però, és que va ser Gaudí qui va signar el projecte.

Aventura audiovisual

Gaudí va estar implicat, a principis de segle, en una iniciativa pionera d'exhibició cinematogràfica. Era molt amic del pintor Lluís Graner, que va ser empresari del Teatre Principal, el rival del Liceu. Per a Graner, **Gaudí va condicionar la Sala Mercè, al número 122 de la Rambla, com a cinema. La Sala Mercè es va inaugurar el novembre de 1904 i tenia un disseny acurat,** amb el terra inclinat i el sostre ondulat per proporcionar una bona visibilitat i una acústica correcta. S'hi va fer cinema mut, projeccions amb veu en directe.

consolida, enriquida i optimista, i que impulsa el modernisme com a tendència estètica. Un estament social, el d'aquesta burgesia flamant, que s'instal·larà a l'Eixample i que adoptarà la moda d'una arquitectura trencadora i de lluïment. En el terreny de les idees, el moviment dels intel·lectuals modernistes, revolucionaris i desitjosos d'obrir el país a Europa i al món, no implicarà Antoni Gaudí.

Concentrat en el seu art i movent-se en el terreny del catalanisme de la Lliga, l'arquitecte no s'identificarà amb els corrents progressistes. Quan, al tombant de segle, la pèrdua de les colònies, els fets de la Setmana Tràgica i, en general, l'augment de la conflictivitat social canvien l'estratègia i els gustos de les classes dominants, Gaudí ja estarà entregat en cos i ànima a la construcció de la Sagrada Família.

Els seus clients, amb qui no sempre va tenir relacions plàcides, van ser industrials. El propietari de la Casa Vicens era un fabricant de ceràmica i el de la Casa Figueras (Bellesguard), de pastes de sopa. Eduard Calvet, industrial del tèxtil i polític representant del catalanisme progressista, li va encarregar la casa que porta el seu nom. Josep Batlló i Casanovas, propietari de la Casa Batlló, també era d'una família d'empresaris tèxtils. Pere Milà i Camps, que era diputat de la Lliga i cosí germà del comte de Montseny, li va encarregar la polèmica Pedrera.

La relació d'Antoni Gaudí amb Eusebi Güell i Bacigalupi és un punt i a part en la trajectòria vital i artística de l'arquitecte. Educat a França, amant de la cultura grega clàssica i amb una notable curiositat científica, Güell serà, fins a la seva mort, l'any 1918, el mecenes i l'amic de Gaudí. El Palau Güell, al carrer Nou de la Rambla, i la cripta de la Colònia Güell, considerades dues obres cabdals de l'arquitecte, van ser possibles gràcies a una relació plena de complicitats amb el seu protector. Segons explica Joan Matamala al treball *Gaudí. Mi itinerario con el arquitecto*, l'autor de la Sagrada Família definia així la singular relació: «*Güell i jo vam haver d'aguantar més ditirambes i burles que tots els prohoms del segle junts. Però ell, el mateix que jo, estava tan equipat per rebre-les!*»

Fill de la Renaixença o excepció del Modernisme...? Precursor visionari o tècnic brillant amb recursos...? Definir Gaudí sense caure en simplificacions no és senzill. Durant anys, entre historiadors i especialistes hi ha hagut la tendència de tractar Antoni Gaudí com una personalitat artística aïllada. La genialitat i singularitat de l'arquitecte reusenc semblaven justificar la seva independència dels corrents artístics i de l'època històrica que li va tocar viure. L'esquemàtica valoració de la seva feina, o fins i tot, el rebuig d'una part de la intel·lectualitat catalana van reforçar aquesta imatge de franctirador. Aproximacions més recents, però, donen una visió més oberta del personatge, argumentant-lo com a artista del seu temps i implicant-lo amb els seus coetanis. □

Maria Gorgues (Lleida, 1950)
Periodista i guionista, ha dirigit i presentat programes de ràdio. Treballa a TV3 des del 1984. Des del 1997 col·labora a *Descobrir Catalunya*.

El comte Eusebi Güell (a l'esquerra) va conèixer l'obra de Gaudí a l'Exposició Universal de París el 1888. Quan en va tornar, va començar a encarregar-li obres com el Palau Güell (a baix).

Una urbanització de luxe

El comte Eusebi Güell va comprar, a finals del segle XIX, a la muntanya Pelada, prop de la carretera del Carmel de Barcelona, dues finques d'unes quinze hectàrees. **El 1900 Gaudí va començar a urbanitzar la zona amb l'objectiu de construir cases, de manera que el re-**

cinte es convertís en una ciutat jardí. El *Park* Güell (com al comte Güell li agradava dir perquè així relacionava el nom amb parcs anglesos) s'havia de convertir en una urbanització de seixanta parcel·les amb importants serveis comuns en una zona que tingués la forma i les característiques d'un parc particular. Finalment, la idea va fracassar. **Només s'hi van construir tres cases, a banda de la porteria. A més, quan va morir el comte Güell, el seu fill va oferir el parc a l'Ajuntament que, al seu torn, el va convertir en parc públic el 1923.**

MANEL ARMENGOL

El mag de les paràboles

TEXT **LURDES REGO**

Les tècniques de què es va servir Antoni Gaudí per determinar les formes que prendrien els seus edificis, li han valgut la catalogació de geni. Convençut que calia imitar la natura, va prescindir del compàs i l'escaire per basar-se en l'observació i la intuïció.

Gaudí, diuen, només tenia una pesseta quan va començar les obres del Col·legi de les Teresianes (vg. pàgina esquerra). A dalt, la maqueta de l'església de la Colònia Güell.

E*l que vulgui fer arquitectura autèntica, no solament té de posseir remarcables aptituds, sinó que té de fer com el que vol pujar a una alta muntanya: mesurar-se bé les forces i disposar-se a la disciplina i fins al sacrifici, imprescindible per a assolir un fi tan elevat.»* Amb aquestes paraules descrivia Antoni Gaudí, sense saber-ho, algunes de les qualitats que molts li han reconegut sobre el seu sistema de treball. Perseverança i paciència en són dues que ens ajudaran a entendre la seva particular manera de treballar. I és que ell va defugir sempre les armes més usades pels arquitectes: el compàs i l'esquadra i va preferir experimentar partint dels seus coneixements, d'una banda, i de la seva intuïció, de l'altra.

Amb aquestes premisses, Gaudí va adoptar noves i atrevides solucions estructurals per dur a terme els encàrrecs que li feien. De l'observació de les formes de la natura, que l'arquitecte considerava ideals per la seva funcionalitat, va adoptar les formes hiperbòliques, helicoïdals i còniques que aquesta li brindava. Hi ha, però, una forma subjacent en el seu sistema de treballar, una forma que gairebé podríem dir que identifica les seves obres: la paràbola. Contrari a diferenciar els elements sustentats i els sostinguts, Gaudí concebia les parts de les seves construccions com un tot i, en aquesta consideració, les formes parabòliques van tenir un paper crucial.

Adonar-nos-en que feia els seus muntatges ometent els elements que han estat la base de la majoria dels edificis de tots els temps, és descobrir tot un món d'enginy basat en mètodes intuïtius i elementals. Ajudat de materials, com guix, plom o tela metàl·lica, Antoni Gaudí construïa les maquetes, a escala, del que després seria l'obra final. No li servia dibuixar en un plànol allò que havia imaginat —o millor dit, observat a la natura—; li calia experimentar-ho. Arena molla deixada caure des de dalt li va servir, diu el director de la Reial Càtedra de Gaudí, Joan Bassegoda per determinar la forma dels campanars de la Sagrada Família. Hi ha, però, un exercici que ha despertat l'admiració d'enginyers i calculistes: la maqueta del projecte de la Cripta Güell. Dibuixada la planta a escala 1:10 sobre una fusta, la va penjar del sostre i hi va col·locar cordills on haurien d'anar els pilars. Enmig del cordill, entre pilar i pilar, hi va penjar saquets que contenien perdigons de plom, amb un pes proporcional al que hauria d'aguantar l'arc real. Les deformacions dels cordills li van servir de base per fer les formes que tindria cada part del conjunt. Gaudí anava variant els pesos per aconseguir l'equilibri ideal i ja només li va caldre fer una fotografia que, invertida, es va convertir en la maqueta.

Els sistemes que emprava l'arquitecte van contribuir que cadascun dels edificis que va bastir tinguessin una personalitat pròpia, fruit de l'originalitat que els va conferir. Cal destacar, a més, que Gaudí no en tenia prou a fer l'edifici, sinó que també s'implicava en la seva decoració. De gran ajut li havia servit, en aquest aspecte, el fet d'haver estudiat forja de ferro a la farga del seu oncle de Reus i de dominar també la manipulació de la fusta, el ferro colat i el modelatge del guix. □

LURDES REGO (La Pobla de Segur, 1964)
Ha treballat de periodista en dos diaris de Lleida i és coautora del llibre *Terra i Llibertat*. Des del 1998 és redactora de *Descobrir Catalunya*.

L'industrial Josep Batlló va encarregar a Gaudí, el 1904, la reforma de la casa número 43 del passeig de Gràcia. El pati de la Casa Batlló (a la foto) és molt lluminós gràcies a l'efecte creat pels colors de les rajoles que el recobreixen: a la part de dalt són blau fosc i més avall es van fent blau cel, primer; gris, després, i blanc a la planta baixa.

Formes vives

TEXT **JOAN TORT**

L'artista odiava els cànons. Per ell, la natura era el model que l'inspirava. Per aquest motiu, les formes torçades són habituals en les seves obres. Com, per exemple, a la Pedrera, que es creu que està inspirada en l'Argenteria, al congost de Collegats, al Pallars.

S'ha dit sovint que la voluntat essencial de Gaudí, com a creador, ha estat la d'apropar l'arquitectura a la naturalesa. I pensem que aquesta no és una afirmació banal. En certa manera, ens dóna un criteri a partir del qual podem tractar d'interpretar l'univers creatiu de l'autor. I això és especialment valuós en un cas com el que ens ocupa, perquè estem parlant d'un personatge estilísticament inclassificable i irreductible a cap mena de fórmula o cànon. Davant l'obra gaudiniana cal fer l'esforç d'atrevir-se a llegir directament les seves formes construïdes, allò que podríem anomenar la seva "escriptura en l'espai". Per aquest camí ens serà fàcil percebre, ni que sigui per via intuïtiva, les profundes analogies que es poden establir entre les seves creacions i les formes de la naturalesa. I no parlem de supeditació, ni de simple còpia: parlem d'una veritable "recreació" feta a partir d'una "interiorització" del món natural.

Fins a quin punt l'univers formal de Gaudí es fonamenta en models concrets, és a dir, en llocs i en indrets individualitzats i identificables? Es fa difícil de dir, sobretot si tenim en compte els múltiples interrogants que avui dia hi ha plantejats sobre l'itinerari vital de l'arquitecte, les influències que va rebre i els àmbits geogràfics que va conèixer més a fons. Respecte a Catalunya, per exemple, s'afirma habitualment que Gaudí, en concebre la façana de la Pedrera, es va inspirar en l'indret de l'Argenteria, al congost de Collegats, que presenta unes formes arrodonides que es poden equiparar a les de l'edifici barceloní; però això no passa de ser una conjectura. En una línia semblant, Josep Pla, al capítol sobre la Sagrada Família de *Barcelona, una discussió entranyable*, i en ocasió de referir-se a una conversa entre l'arquitecte i el pintor Carles, posa en boca de Gaudí una frase en el sentit que "*les formes i els volums curvilinis* [de la façana de la Pedrera] *es justifiquen perquè van lligats a les formes curvilínies de les muntanyes de Collserola o del Tibidabo, que es veuen des d'aquí*". Simple artifici literari o realitat històrica? La resposta potser només la podran donar els especialistes. L'episodi, en si mateix, és perfectament versemblant.

En qualsevol cas, dins l'arquitectura de Gaudí, entesa com una globalitat, no es pot dir que hi hagi una determinada forma utilitzada com a arquetip. Si hi ha una predilecció per les formes guerxes i torçades és perquè aquestes formes són presents, de manera habitual, en la naturalesa. I perquè, d'altra banda, permeten una "reinvenció" constant: són, per tant, compatibles amb l'actitud creativa amb què l'autor emprèn cadascuna de les seves obres. No és estrany, en conseqüència, que "interpretar" Gaudí no resulti una cosa senzilla. Valgui, com a il·lustració d'aquestes consideracions, un fragment del mateix Josep Pla que resumeix, de forma ben expressiva, la singularitat del personatge i de la seva obra: «*Dominat per un horror físic pel cànon, dotat d'una força de renovació impressionant, infatigable recercador, Gaudí féu arrencar la seva arquitectura de la vida, de la realitat, de la naturalesa. És una arquitectura vitalista, una aproximació a la naturalesa realitzada per un esperit d'una sensibilitat religiosa densíssima.*»□

JOAN TORT (Terrassa, 1958)
Doctor en Geografia, és professor d'aquesta matèria a la Universitat de Barcelona i assessor de *Descobrir Catalunya*.

Gaudí i el modernisme

«Des de molts punts de vista, Gaudí és inseparable del moviment modernista; no pas inseparable del que podríem anomenar el credo modernista, sinó de les condicions de llibertat folgada que feren possible el moviment. Gaudí, però, fou un modernista d'una personalitat tan enorme, que en fou una branca infinitament més important que la soca mateixa.»

(Obra Completa de Josep Pla, 11, 191)

A la Pobla de Lillet (Berguedà), Gaudí va crear els jardins Artigas (a la foto) i el xalet per als enginyers i tècnics de les mines de carbó de Catllaràs.

ENTREVISTA A SUBIRACHS

Viure és un eufemisme de morir. Ara bé, morir és menys morir si es transcendeix. Josep Maria Subirachs hi aspira per la via de la creació artística. Però el seu temps en aquesta vall de llàgrimes durarà el que durarà. De manera que l'ha apamat d'antuvi, sabedor del destí que li donarà: des que viu a la Sagrada Família, l'escultor sembla un ciclista que disputa una etapa contrarellotge de les decisives. Deu ser per això, que ens va rebre com ens va rebre.

– No puc perdre el temps en entrevistes. Tinc feina. I si no treballo, la feina no surt. Que no faig miracles.

– Això deu ser ara, perquè tenim entès que a Lleó hi ha una estàtua feta per vostè que...

– I tant! Sant Froilà! La noia que li toca el nas aconsegueix casarse. En segons quins casos es tracta d'un veritable miracle. El pobre sant Froilà ja té el nas gastadíssim. Però vinga.

– Només pretenem saber què en pensa, avui, del Subirachs jove que signa el manifest en contra de la continuació de la Sagrada Família, i que ens parli del seu cèlebre criptograma.

– Jo no m'oposava al fet que s'acabés la Sagrada Família, sinó al fet que es pretengués imitar Gaudí. Al final no s'hauria sabut què era d'ell, i què no. Però totes les catedrals són obra de més d'una generació. I lògicament, si algú s'està fent un edifici i se li mor l'arquitecte a mitja obra, el que fa és buscar-ne un altre. Fa catorze anys, quan em van oferir de venir-hi, no vaig dir que sí fins que es va acceptar que jo treballaria d'acord amb el meu estil.

– Anem al criptograma. Sap que a Dinamarca algú ha deduït la vinculació de Gaudí amb idees alquimistes, esotèriques?

– Però si no el va fer pas Gaudí! Si és meu! És un criptograma de quatre per quatre. I tant les files, com les columnes, com les diagonals sumen 33. L'edat de Crist. Per això és a la porta de la Passió. És un símbol. Els quatre vèrtexs també sumen 33. I les quatre xifres interiors. Confesso que m'ha acabat obsessionant. Sobretot, de nit. Aquesta llibreta recull totes les altres combinacions que també sumen 33.

– Quantes n'ha trobades?

– Més de tres-centes. Fa temps, algú em va dir que un criptograma ben fet no pot tenir cap xifra repetida. I el meu té dos deus i dos catorzes. Però després, aquella mateixa persona va telefonarme molt excitada per dir-me que no, que allò no era un defecte. Al contrari, era un prodigi: la suma d'aquelles quatre xifres dóna 48, el mateix que la suma de les lletres d'INRI d'acord amb l'abecedari llatí. Què els sembla?

– Que 48 deu ser la suma dels valors de moltes paraules.

– Però és que jo acabava de fer la creu de la Passió, i no hi havia posat la inscripció INRI. Ara sé la raó: no calia, perquè ja hi era. Al criptograma. No em diran que no és un miracle. A mi també m'haurien de fer sant!

– Suposo que no hi ha cap pressa: em fa l'efecte que un sant no pot ser viu.

– És veritat. Ni agnòstic. Però deixem-ho aquí, perquè jo vull ser molt respectuós.

EN AQUEST CRIPTOGRAMA LES FILES, LES COLUMNES I LES DIAGONALS SUMEN 33

JOSEP MARIA SUBIRACHS

Reencarnació

Josep Maria Subirachs va ser concebut just quan moria Antoni Gaudí. I això fa venir al cap certes creences budistes. A veure si acabarà resultant que de religions vertaderes n'hi ha dues! Confiem que només serà una coincidència.

Amb gràcia, es pot dir tot

El poeta Vicenç Altaió va organitzar un concurs d'oprobis contra la tasca de Subirachs a la Sagrada Família, que van ser proferits en veu alta des d'una tarima instal·lada al costat del temple. En general, eren àcids. Però n'hi va haver un que l'escultor mateix, intel·ligent com és, el riuria de bona gana. Feia així: "Subirachs, però no convencerachs".

Vols saber un secret?

Els pals de cec fets en interpretar l'obra de Gaudí recorden els que també es van fer amb relació als Beatles. I ara ens n'explicarà una altra connexió el senyor Víctor Niubó, gran coneixedor de la vida i miracles del quartet de Liverpool, fins a l'extrem que, si hom li demana els títols de les seves cançons per ordre alfabètic, pot ser que respongui: "De la A a la Z, o de la Z a la A?"

– Quan estudiava competia amb l'actual director de la Cambra de Comerç per veure qui trigava menys a recitar la llista. Però anem al gra: s'afirma que George Harrison va visitar Barcelona d'incògnit, més d'un cop, mogut per l'interès que li despertava l'obra de Gaudí. A Harrison li agradava l'arquitectura, però dedueixo que, en el cas de Gaudí, també hi veia el vessant místic, religiós. No hem d'oblidar que, en aquella època, Harrison visita el Nepal, contacta amb els Hare Krishna, compon *My sweet Lord.* També assenyalaré que Alan Parsons va fer d'enginyer de gravació dels Beatles. No sé si parlaria del tema amb Harrison, o no. Però pocs anys després, Parsons va publicar un disc dedicat a Gaudí.

VÍCTOR NIUBÓ

ORIENTACIÓ ESPIRITUOSA

ELS JAPONESOS SEMPRE ES FOTOGRAFIEN AMB EL DRAC DEL PARC GÜELL

Hi ha hagut des de l'inici japonesos concrets interessats en Gaudí. L'arquitecte Kenji Mai, admirador de l'obra del català, ja va viatjar l'any 1926 per conèixer-lo. I va fer tard per molt poc. Però el que sorprèn és la devoció que sembla despertar Gaudí en tots els estrats d'aquella societat. Fonts del seu consolat a Barcelona ens han donat algunes claus per fer-ho entenedor.

1. Convé dimensionar adequadament el fenomen. Perquè el Japó és un país populós i amb un alt nivell de vida. Els seus habitants viatgen a mil llocs, consumint les vacances a bocins: vénen tres dies a Catalunya com també van a Florència, Praga o Viena.

2. Allò que vol conèixer el japonès és Europa, en general. Pel contrast. Països com Corea, Vietnam o la Xina els són massa propers.

3. L'arquitectura evidencia aquell contrast en una visita llampec: la construcció japonesa tradicional no tenia la pedra treballada així, o ni tan sols era de pedra.

4. I dins de l'arquitectura occidental, Gaudí destaca. Va ser, i és, diferent.

Així explicaríem que l'obra de Gaudí sigui retratada nit i dia per turistes japonesos. Però la història també s'escriu amb lletres minúscules. Parlem de fa uns vint anys. De quan els fabricants del whisky japonès Suntory van voler ressaltar-ne la qualitat, vinculant-lo amb el lloc d'origen de la beguda (com el fabricant valencià de texans, que no farceix de falleres els seus anuncis, sinó de *cowboys*). Però en el cas de Suntory, les imatges triades no procedien pas d'Escòcia. No calia entrar en tants matisos: si eren europees ja es feia el fet. I tant el Parc Güell com la Sagrada Família complien el requisit. La campanya va ser un gran èxit. Al cap de no res, les agències de viatges japoneses començaren a respondre la pregunta: "Que sabeu a quin lloc del món hi ha aquells edificis tan increïbles dels anuncis de Suntory?"

ANUNCI FET PER SUNTORY

Era del Baix Camp

Us heu fixat en la quantitat de grans personatges que no se sap ben bé on van néixer? Penseu-hi: Caïm i Abel, Cleopatra, Alexandre el Gran, Confuci (lògicament!), Walt Disney, Cristòfol Colom, sant Jordi, Gaudí. A l'arquitecte català se'l disputen les poblacions natals dels seus pares, Reus i Riudoms. La partida de bateig certifica els tres noms donats al nadó (Anton —sí, Anton— Plàcid i Guillem), però conclou dient només que el nen havia nascut... senzillament "ahir".

La família tenia una casa a Reus i una altra a Riudoms. Aquesta darrera vila va cantar victòria quan l'arquitecte li va fer donació d'algunes finques ("Això demostra que era de Riudoms"). La pega és que al document hi deia que el donant era "fill de Reus".

Això no obstant, una néta de la llevadora que va assistir al part assegurava que la seva àvia li havia dit que la raó la tenia Riudoms (que és d'on era la llevadora, i també la seva néta). En realitat, Gaudí no va saber mai del cert on havia nascut. I nosaltres, encara menys.

MAS DE RIUDOMS

“Gaudí em mareja”

Tot es pot discutir. És indiscutible. O, si no, fixeu-vos en la gosadia de l’escriptor i editor Salvador Pániker quan admet que Gaudí no li acaba de fer el pes: “Més que res, el que voldria és relativitzar-lo. Gaudí em mareja. La seva arquitectura, vull dir. Massa corbes.

Sobretot em desagrada la Sagrada Família, la seva obra menys aconseguida. En canvi, la cripta Güell de Santa Coloma de Cervelló, encara. No em fa res que ho publiqueu, perquè és el que penso”.

SALVADOR PÁNIKER

UNA VIDA EDIFICANT

El senyor J. M. Almuzara, president de l’Associació Probeatificació d’Antoni Gaudí, no té pressa: “Si es difícil poner fecha límite en las cosas humanas, imagínense en las divinas!” Tanmateix el procés avança. El sol fet que Roma hagi obert els tràmits implica que admet veure-hi algun indici positiu. Això ja converteix l’arquitecte en “serf de Déu”. La condició de beat, que garanteix l’estada d’una ànima al cel, és el següent pas. Per fer-lo, cal que el titular d’aquell esperit hagi estat posseïdor constant, i en grau heroic, de totes les virtuts. No n’hi ha prou amb les teologals (fe, esperança, caritat) sinó que es necessita el *pack* sencer (laboriositat, senzillesa, etc.). A més, cal haver obrat un miracle. Oficiosament, ja s’hauria produït: una senyora xilena va resar a una fotografia de Gaudí, amb resultats exitosos (un parent va curar-se d’un mal lleig, i un altre va trobar feina). Però és aviat per cantar victòria. Cal demostrar-ho tot, i refutar les contraargumentacions que de ben segur farà el Dr. Riera, advocat del diable del cas.

INTERIOR DE LA CRIPTA GÜELL DE SANTA COLOMA DE CERVELLÓ

10 pel·lícules amb escenaris gaudinians

El reporter
(Michellangelo Antonioni). Jack Nicholson i Maria Schneider a la Pedrera.
– Souvenir
(Rosa Vergés). Un japonès perdut per Barcelona...
– Todo sobre mi madre
(Pedro Almodóvar). La Sagrada Família apareix inopinadament enmig d’un recorregut en taxi.
– Josée et Roland
(Jean Claude Roman). Hi surt tot Gaudí (és la història d’un francès que ve a estudiar-lo).
– La tabla de Flandes
(Uncovered) (Jim McBride). Basat en la novela homònima de Pérez Reverte.

CARTELL DE ‘DESPERTAFERRO’

– Despertaferro
(Jordi Amorós). Amb dibuixos d’escenaris gaudinians.
– El misteri de Gaudí
(Toni Meca). Simulació en 3D de la Sagrada Família finalitzada. Encara no s’ha estrenat.
– El príncep de Lituània (Evor Sharmadjé). Director georgià de la Geòrgia europea. Un viatge en el temps que duu al Parc Güell.
– Le voleur du Tibidabo
(Maurice Ronet). Escenes d’acció al Parc Güell.
– Novios de primavera
(Juan Bosch). Parelletes dels anys cinquanta passejant per la Sagrada Família.

Tria feta per Àlex Gorina.

NO CONTINUARÀ

***L’enigma Gaudí*, un còmic publicat el 1984 per capítols per l’editorial Maimés, narra l’aventura d’un detectiu de Nova York que rep l’encàrrec d’anar a Barcelona per investigar-hi la mort de Gaudí. Hi coneixerà anarquistes, maçons, catòlics, i Dalí, Pla, Pujols o Macià. El dibuix i la trama eren dignes dels millors mestres francobelgues. Però el desenllaç de la història mai no va arribar a publicar-se. De manera que, on teníem un enigma, ja en tenim dos (el nom de l’editorial, val a dir-ho, era premonitori).**

GAUDIR

No fa gaires anys, una televisió estrangera que feia un reportatge de Barcelona s’adonà que l’edifici que estava filmant, el Palau de la Música Catalana, no era de Gaudí. I va interrompre la feina de manera immediata. És el mateix que succeeix amb molts dels visitants de la Casa Amatller, del passeig de Gràcia, que es deceben en ser informats que l’edifici va ser fet per Puig i Cadafalch. Això és no saber-ne gaire, de gaudir.

DESMENTIMENT

L’anècdota que parla de Gaudí cercant rajoles per fer els trencadissos als abocadors de runa és només mig certa (la part falsa correspon a l’autoria del fet: era Jujol, qui reciclava; Gaudí feia miques rajoles noves).

RAJOLES D’UN BANC DEL PARC GÜELL

HO SABÍEU?

Gaudí va ser detingut per negar-se a parlar en castellà.

JARDINS ARTIGAS
Una petjada de Gaudí al Berguedà

Els jardins de Ca n'Artigas o Jardí de la Magnèsia, dissenyats per A. Gaudí, van ser executats per un mestre d'obres local, constructor del Parc Güell. Els trobarem a l'inici de la nostra caminada. És un recorregut per gaudir l'ambient modernista al mig de la muntanya. L'única música de fons que sentireu en passar per espais de tranquil·litat serà el soroll encantador d'aigua que s'esmuny Llobregat endins. No acaba aquí, però, la nostra simpatia amb el modernisme gaudinià. El Clot del Moro, de l'arquitecte Gustavino ens delecta amb una fàbrica de ciment esplenderosa. Malgrat el seu estat de degradació, tot apunta a un gran projecte de rehabilitació. De fet, ja s'ha començat per les naus inferiors, on s'ha construït el Museu del Transport. Aquest Museu actualment posseeix innombrables peces interessants. Una escola taller rehabilita més de 150 peces. Serà un pas qualitatiu el servei del carrilet de la Pobla de Lillet al Clot del Moro.

PEP RIBAS

PER VISITAR ELS JARDINS ARTIGAS US HEU DE DIRIGIR A L'OFICINA DE TURISME

ITINERARI PELS JARDINS

La caminada comença a la Pobla de Lillet. Sortirem pel poble seguint el camí preparat per fer-hi circular de nou el carrilet turístic que aviat ens portarà al Clot del Moro. Tot seguit arribarem als jardins Artigas. En poc més de deu minuts arribarem a l'antiga fàbrica de ciment del Clot del Moro. Un cop visitat l'entorn agafarem una pista que ens portarà a una fàbrica (Filatures del Berguedà). La mateixa pista ens portarà a una altra en sentit ascendent (seguim el GR-4, senyals blancs i vermells). Anirem pujant sempre en direcció oest. A l'esquerra deixarem les ruïnes de la casa d'Erols de Baix. Som al coll Roig. Al nostres peus tenim el torrent del Coll Roig i una visió excepcional de la vall del Clot del Moro. El cim arrodonit del Puigllançada ens quedarà a sobre nostre. Al coll Roig cal deixar el GR-4 i tombar cap a l'esquerra per una pista que voreja el pic Roig i el Montderm, que tindrem a la dreta. A poc a poc baixa el camí fins passar al costat de la collada de les Cireres. Aquí serà on gaudirem d'una interessant vista cap a Guardiola i el Pedraforca, la Pobla de Lillet i de la serra del Catllaràs. Una petita remuntada ens portarà al coll de Cerqueda que, a 1.391 metres, és un gran mirador. Davant nostre, a l'altre cantó de la vall, el Santuari de Mare de Déu de Falgars. I ara, la baixada serà contínua fins trobar la casa Saus, on al cap de 25 metres, una bifurcació a l'esquerra ens tornarà a la Pobla de Lillet.

FITXA TÈCNICA

Com arribar-hi: Amb cotxe, Barcelona-Manresa (per la E-09); Manresa-Guardiola de Berguedà (per la C-16) i Guardiola-la Pobla de Lillet (per la B-402).

Equip: Cal equip d'alta muntanya, cantimplora, crema i ulleres de sol.

Dificultat: Mitjana. És una excursió de 5 hores (visita al Museu del Transport inclosa). Desnivell de 500 metres i 2 hores i 30 minuts de pujada.

Època recomanable: A la primavera i a l'estiu la verdor de les valls té el punt culminant. A l'hivern guanya en solemnitat.

Cartografia: MONTGRONY-CATLLARÀS. Ed. Alpina. Escala 1:25.000.

Oficina de Turisme de la Pobla de Lillet: tel. 93 823 61 46

Ronda de Dalt
Ronda de Dalt
CASA BELLESGUARD
C. de Bellesguard
Avda. Tibidabo
Parc de la Creueta del Coll
Rambla del Carmel
Passeig de la Bonanova
Via Augusta
C. Ganduxer
Parc del Turó del Putxet
Avd. del Coll del Portell
PARC GÜELL
Avda. Hospital Militar
COL·LEGI TERESIANES
Avda. General Mitre
Carrer Muntaner
Avda. General Mitre
Avinguda de Pedralbes
PAVELLONS GÜELL
Pl. Pius XII
Parc de Monterols
Pl. de Lesseps
Travessera de Dalt
Pl. Sanllehy
Parc del Guinardó
Avinguda Diagonal
C. Ganduxer
Via Augusta
Príncep d'Astúries
CASA VICENS
Parc de les Aigües
Ronda del Guinardó
Gran Via Carles III
Turó Parc
Carrer Balmes
Carrer Gran de Gràcia
Carrer de Pi i Margall
Travessera de les Corts
Pl. Francesc Macià
Travessera de Gràcia
C. Brasil
Via Augusta
Carrer Sant Antoni Maria Claret
Passeig Maragall
Avinguda Diagonal
Carrer Indústria
Carrer Numància
Avda. Josep Tarradelles
Carrer París
Carrer Muntaner
Carrer Aribau
Carrer Còrsega
Passeig de Sant Joan
C. Sardenya
Avinguda Gaudí
Carrer de Calàbria
Carrer del Comte d'Urgell
Carrer Rosselló
C. Marina
Pl. Sants
Pl. dels Països Catalans
C. Provença
CASA MILÀ (La Pedrera)
C. Provença
SAGRADA FAMÍLIA
C. Mallorca
Avinguda de Roma
Rambla de Catalunya
Pg. de Gràcia
C. Roger de Llúria
Avinguda Diagonal
Avda. de la Meridiana
Carrer de la Creu Coberta
Carrer Tarragona
Carrer Aragó
CASA BATLLÓ
Carrer Bailèn
Carrer València
Pl. de les Glòries Catalanes
Carrer de Rocafort
Pl. Espanya
Gran Via de les Corts Catalanes
Pl. Tetuan
Carrer Marina
C. Casp
CASA CALVET
Pl. Catalunya
Pl. Urquinaona
Ronda de Sant Antoni
Avinguda del Paral·lel
Avda. de la Meridiana
Carrer Pere IV
La Rambla
Via Laietana
Passeig Picasso
Parc de la Ciutadella
Carrer Marina
Fanals. PLAÇA REIAL
PALAU GÜELL
Carrer Nou de la Rambla
Passeig Colom
Avda. Icària
Ronda Litoral
Port Olímpic
Ronda del Litoral
Passeig Marítim
Platja de la Barceloneta
Platja de Sant Miquel
MAR MEDITERRÀNIA
N
0
1000

EL TERRAT DE LA CASA BATLLÓ ESTÀ INSPIRAT EN LES ESCAMES D'UN DRAC O D'UN PEIX

LES OBRES DE GAUDÍ

A partir del març es podran visitar les cases de propietat privada. Per a més informació, truqueu al 010.

A Barcelona

– Casa Batlló. Passeig de Gràcia, 43. Habitatges particulars. En metro: Passeig de Gràcia (L3, L4, L2). En bus, 7, 16, 17, 22, 24, 28.

– Casa Bellesguard. C. de Bellesguard, 16-20. Autobús: 60, 22, 58, 64, 73, 75. Habitatge particular. Els propietaris deixen passejar pel jardí de la casa.

– Casa Calvet. C. Casp, 48. Metro: Urquinaona. Habitatges particulars.

– Sagrada Família. Pl. Sagrada Família, s/n, Barcelona. De 9 a 18 h. Preu: 6 €. Tel. 93 207 30 31. Metro: Sagrada Família (L5, L2). Bus: 33, 34, 43, 44, 50, 51, 19, 10.

– Casa Vicens. C. de les Carolines, 18-24. Metro: Fontana (L3). Habitatge particular.

– Parc Güell. C. Olot, s/n, Barcelona. De 10 a 18.45 h. Tel. 93 219 38 11. El parc, públic i gratuït, és obert de 10 a 20 h. Metro: Lesseps i Vallcarca (L3). Bus: 24, 25, 28, 31, 32.

–Palau Güell. C. Nou de la Rambla, 3-5, Barcelona. De dilluns a dissabte de 10 a 17 h. Preu: 2,40 €. Tel. 93 317 39 74. Metro: Liceu i Drassanes. Bus: 14, 38, 59, 91.

– Col·legi de les Teresianes. C. de Ganduxer, 85. Metro: Bonanova. No s'hi permet la visita, però a partir del març potser es podrà fer.

– Fanals de la plaça Reial. Pl. Reial. Metro: Drassanes (L3).

– La Pedrera (Casa Milà). Passeig de Gràcia, 92, Barcelona. Tel. 93 484 59 95. Preu de la visita a l'Espai Gaudí i al Pis Modernista: 6 €. De 10 a 20 h. Metro: Diagonal (L3, L5). Bus, 22, 24, 28.

– Pavellons de la finca Güell. Av. de Pedralbes, 7, Barcelona. Metro: Maria Cristina i Palau Reial (L3). Bus: 7, 33, 63, 67, 68, 74, 75.

Als Països Catalans

– Cripta de la Colònia Güell. Colònia Güell. C. Reixach, s/n, **Santa Coloma de Cervelló**. La part oberta al públic és visitable els festius i els diumenges al matí. Tel. parròquia: 93 640 29 36. Per carretera: A-2, sortida Sant Boi de Llobregat en direcció a Sant Vicenç dels Horts.

– Bodegues Güell, Garraf. Són de propietat privada. Hi trobareu el restaurant Gaudí-Güell. Tel. 93 632 01 80. Per carretera: C-31. Amb tren: Rodalies 5, en direcció a Sant Vicenç de Calders.

– Jardins Artigas. Afores, s/n, **Pobla de Lillet**. Tel. 93 823 61 46. Per carretera: C-55.

– Cooperativa La Obrera Mataronense. C. Cooperativa, 25, **Mataró**. Amb tren: parada Mataró de de rodalies R1. Per carretera: N-II. De Gaudí resta la sala d'emblanquiment i un pavelló de serveis.

– Catedral de Mallorca. C. Palau Reial, 21, **Palma de Mallorca**. Dilluns a divendres de 10 a 14.30 h. Els dissabtes, de 10 a 13.30 h.

– I Misteri de Glòria al Camí de la Santa Cova de Montserrat. Amb tren: línia R5 fins a l'estació Montserrat-Aeri. Per carretera: Eix Transversal, A-2, C-58.

– Xalet de les mines de carbó de Catllaràs. Pobla de Lillet. Dissenyat el 1905 per als enginyers o tècnics de les mines de carbó de Catllaràs, propietat d'Eusebi Güell.

– Altar de l'església del col·legi de Jesús i Maria de Tarragona. Dissenyat el 1880. C. Méndez Núñez, 16. Tel. 977 23 43 16. Per carretera: A-7. Amb autobús: companyia Hispania.

A l'Estat espanyol

– Casa de los Botines. Plaza de San Marcelo. **León**.

– El Capricho. Plaza de Fuentereal. S'entra pel carrer Sobrellano. **Comillas** (Cantabria). Tel. 942 72 03 65.

– Palacio Episcopal d'Astorga. Glorieta Eduardo de Castro, s/n. Tel. 987 61 68 82. En aquests moments està tancat per reformes. És a 45 km de León.

LLUÍS TORO

FAÇANA DEL CAPRICHO DE COMILLAS, ON ARA HI HA UN RESTAURANT

EL PROFESSOR BASSEGODA DAVANT DEL DRAC QUE DÓNA ACCÉS A L'EDIFICI DE LA CÀTEDRA GAUDÍ, LA FINCA GÜELL

ADRECES I TELÈFONS

– **Ruta del Modernisme de Barcelona.** Visita guiada per la ciutat, amb especial atenció a diverses localitzacions gaudinianes. De 10 a 19 h (cada hora). Preu: 3,60 € (el tiquet dóna, a més, un 50 % de descompte en les entrades d'altres monuments modernistes oberts al públic). Informació: Casa Amatller (Passeig de Gràcia, 41, tel. 93 488 01 39).

PER FER AQUESTA FOTO L'HOTEL GAUDÍ N'HA FACILITAT L'ACCÉS

TERRAT DEL PALAU GÜELL

– **Càtedra Gaudí**, de la Universitat Politècnica de Barcelona. Tel. 93 204 52 50

– **Associació d'Amics d'Antoni Gaudí.** Tel. 93 317 52 21

– **Catalunya en Miniatura** té un recinte centrat en l'obra de Gaudí. **Torrelles de Llobregat**, N-II, sortida 5. Tel. 93 689 13 81. Les obres dissenyades per Gaudí estan reproduïdes a escala 1:25. A més dels edificis situats en terres catalanes, també compten amb els edificis miniaturitzats del Palau d'Astorga, la casa de los Botines i el Capricho de Comillas.

WEBS

– **www.gaudi2002.bcn.es.** Una pàgina web exhaustiva per no perdre-us cap dels mil i un actes que s'han organitzat aquest any. Per a qualsevol qüestió relacionada amb els actes de l'Any Internacional Gaudí, us podeu adreçar al correu electrònic: gaudi2002@mail.bcn.es.

– **www.bcn.es.** Té un apartat que explica els actes que l'Ajuntament de Barcelona ha preparat amb motiu de l'Any Internacional Gaudí, que se celebra el 2002, en commemoració del 150è aniversari del naixement de l'arquitecte. Aquí també hi trobareu una explicació dels edificis de Gaudí de Barcelona.

– **reusgaudi2002.org**
Recull les activitats que tindran lloc a Reus durant aquest any.

– **www.op.net/~jmeltzer/gaudi.html.** Biografia de l'arquitecte, obres, fotos, llibres, vídeos, etc.

– **nosaltres.com.** El portal de Vilaweb. Dóna fàcil accés a una entrevista radiofònica molt interessant feta per Josep Cuní el mes d'abril del 2000. La podreu reproduir per Real Audio. Els entrevistats, Joan Bassegoda i Josep Maria Carandell, representen dues visions molt enfrontades de l'obra de Gaudí. De fet, només coincideixen en l'admiració que els desperta.

– **www.ctv.es/USERS/ags/GAUDI.htm.**
Conté un apartat dedicat a l'interiorisme.

– **www.tiendashop.com**
Per si voleu adquirir productes de tots els tipus relacionats amb l'obra de l'arquitecte Antoni Gaudí. Vegeu també l'apartat dedicat a *Objectes i botigues*.

INVENTARI D'OBRES

No té massa sentit que pretenguem abastar un recull sencer de l'obra de Gaudí. Per raons diverses. Existeixen projectes que no van tirar endavant (uns urinaris públics, un pont, o les torres de les missions franciscanes de Tànger que, tot i no haver ultrapassat el nivell bidimensional, tenen una gran importància). Han desaparegut obres que ja van ser fetes amb una intenció efímera (les escoles de la Sagrada Família, pavellons d'exposicions). I també hi

AL CELLER DE GARRAF HI HA UN RESTAURANT

ha algun cas en què l'enderroc era per donar peu a un edifici nou (on hi ha la casa Sagnier, del número 2 del Passeig de Gràcia barceloní, hi havia una farmàcia dissenyada per Gaudí). A més, tenim el cas d'obres suposadament d'altri però amb una petja gaudiniana més o menys evident. I el cas contrari: obres que es discuteix si algun deixeble podria reclamar-ne l'autoria compartida (o quelcom més, encara), amb el geni del Baix Camp. Incògnites que difícilment deixaran mai de ser-ho, perquè Gaudí va escriure ben poc, i perquè el seu arxiu va ser devorat per un foc roig, l'any 1936. Les adreces on podeu conèixer totes les seves obres les trobareu a la pàgina anterior. Ara bé, a continuació us n'esmentarem alguns més que són menys coneguts:

– **Parc de la Ciutadella**, Barcelona. Teòricament, Gaudí era llavors només un delineant del mestre d'obres Josep Fontserè. Però la seva empremta a la reixa d'entrada principal, i a la cascada, es considera més que provada.

– **Vitrina Comella** (se'n conserva només un croquis, al Museu de Reus).

– **Decoració del col·legi Jesús-Maria**, Sant Andreu del Palomar (avui, barri de Barcelona). Atenció al mosaic del paviment.

– I acabarem comentant que, encara que sembli que no pugui ser, hi ha la possibilitat que la llista creixi: no fa pas massa que es va descobrir l'existència d'una obra de la qual es desconeixia l'autoria en part gaudiniana (els jardins Artigas, de la Pobla de Lillet).

OBJECTES I BOTIGUES

Totes les botigues catalanes de regals i records acostumen a oferir productes basats en l'obra de Gaudí. N'hi ha moltíssims i es renoven sovint. De manera que ens limitarem a destacar tres comerços barcelonins que en disposen d'una gran oferta. Vg. també l'apartat *Webs*.

– **Botiga del Palau Robert**, passeig de Gràcia, 107. Tel. 93 217 70 22. Hi trobareu uns magnífics puzles tridimensionals de la façana de la Pedrera, la casa Batlló, etc., fets per DISET; clauers, imants i pins de Barcino; punts de lectura de Puzzle Papers i samarretes, calendaris, agendes

– **Centre Català d'Artesania.** Passeig de Gràcia, 55-57.

PATI DE COLUMNES DEL PARC GÜELL

DAVANT DE LA SAGRADA FAMÍLIA HI HA UN LLAC ARTIFICIAL

Tel. 93 215 96 19. És especialment recomanable per a qui estigui interessat en tot tipus de peces de ceràmica.

– **La Pedrera.** Provença, 261. Tel. 93 484 59 80. És a la planta baixa de l'edifici del mateix nom. Hi trobareu des de joies de producció pròpia fins a bombons.

– **Xocolates d'Enric Rovira.** Imiten el trencadís de Gaudí

BIBLIOGRAFIA

– **Antoni Gaudí. Joan Bassegoda i Nonell**. Edicions 62. Relata les històries dels edificis construïts per l'arquitecte.

– **Gaudí. Biografia de l'artista. Josep Maria Tarragona.** Proa Biografia. Explica detalladament totes les vessants des de les quals es pot considerar l'arquitecte (vitraller, escriptor...).

– **La càtedra de Antoni Gaudí. Estudio analítico de su obra. Joan Bassegoda i Gustavo García.** Edicions de la Universitat Politècnica de Catalunya.

– **L'últim Gaudí. Jordi Bonet**. Editorial Pòrtic. L'arquitecte i coordinador de les obres del temple de la Sagrada Família explica les interioritats de la Sagrada Família.

– **La Sagrada Família. De Gaudí al CAD. Josep Gómez, Jordi Coll, Juan C. Melero, Mark C. Burry.** Edicions de la Universitat Politècnica de Catalunya. L'obrador de Gaudí. Josep Gómez Serrano. Presentació d'Enric Miralles. Edicions de la Universitat Politècnica de Catalunya.

Mostra d'algunes de les xocolates d'Enric Rovira.

gaudí 2002 Barcelona

ACTIVITATS
Exposicions temporals

La medalla modernista
20.6.2001 - 29.9.2002
La medalla va ser un dels objectes més preuats durant el Modernisme. **Museu Nacional d'Art de Catalunya**, Palau Nacional, Parc de Montjuïc. **Barcelona**. Tel. 93 622 03 60. Horari: de dimarts a dissabte de 10 a 19 h, diumenges i festius de 10 a 14:30 h. Dilluns tancat. Entrada: 4,20 €.

Gaudir Gaudí: Exposició d'Antoni Gaudí al París de 1910
26.2.2002 - 31.3.2002
Recopilació del material original de l'exposició de 1910. **Escola Superior d'Arquitectura de la Universitat Internacional de Catalunya**, c/ Immaculada 22, cant. Iradier. **Barcelona**. Tel. 93 254 18 27. Horari: de dilluns a divendres de 10 a 19 h, dissabtes i diumenges de 10 a 13 h. Entrada lliure.

París-Barcelona. De Gaudí a Miró
28.2.2002 - 26.5.2002
Recull de la influència recíproca en l'art a París i a Barcelona entre el 1888 i el 1937. **Museu Picasso**, c. Montcada, 15-19. **Barcelona**. Tel. 93 319 63 10. Horari: de dimarts a dissabte de 10 a 19:30 h, diumenges i festius de 10 a 14:30. Entrada a l'exposició: 4,80 €.

Ramon Manent. Any Internacional Gaudí ©
ARC D'ENTRADA DEL PALAU GÜELL

L'any 2002 és l'any Gaudí, coincidint amb el 150è aniversari del seu naixement. Arreu de l'Estat espanyol, però molt especialment a Catalunya, pobles i ciutats han organitzat un ampli ventall d'activitats que ens permeten acostar-nos a la figura polifacètica d'un creador que va ser molt més que un arquitecte.

Gaudí i el Parc Güell. Arquitectura i natura
14.3.2002 - 31.12.2002
Exposició sobre les innovacions que va significar el Parc Güell. Pavelló d'entrada al **Parc Güell**, c. Olot. **Barcelona**. Tel. 010/ 93 291 80 45. Horari i preu per concretar.

La vida a palau: Eusebi Güell i Antoni Gaudí, dos homes i un projecte
19.3.2002 - 31.12.2002
Palau Güell, c. Nou de la Rambla, 3-5. **Barcelona**. Tel. 93 317 39 74. Horari per concretar. Entrada: 2,40 €.

Gaudí. Experiències. Espai, geometria, estructura i construcció
20.3.2002 - 27.9.2002
Maquetes, gràfics i fotografies de les concepcions espaials de Gaudí. **Saló del Tinell**, Museu d'Història de la Ciutat, pl. del Rei s/n. **Barcelona**. Tel. 93 315 11 11. Horari: d'octubre a maig, de dimarts a dissabte de 10 a 14 h i de 16 a 20 h; diumenges i festius de 10 a 14 h; de juny a setembre, de dimarts a dissabte, de 16 a 20 h, diumenges i festius de 10 a 14 h. Entrada a l'exposició: 3 €.

Sagrada Família: les pedres del temple, les roques del temps
Abril - maig 2002
Mostra de les roques que s'han utilitzat en les diferents etapes de construcció del temple. **Museu de Geologia**, parc de la Ciutadella s/n. **Barcelona**. Tel. 93 319 68 95. Horari: de dimarts a diumenge de 10 a 14 h, dijous de 10 a 18:30 h. Entrada: 3 €.

Gaudir Gaudí
23.4.2002 - 21.5.2002
Recull de treballs fotogràfics al voltant de l'obra de Gaudí. **Universitat Internacional de Catalunya**, c. Immaculada 22, cant. Iradier. **Barcelona**. Tel. 93 254 18 27. Horari: de dilluns a divendres de 10 a 19 h, dissabtes i diumenges de 10 a 13 h. Entrada lliure.

Jujol dissenyador
17.5.2002 - 18.8.2002
Més de cent peces del principal deixeble i col·laborador de Gaudí. **Museu Nacional d'Art de Catalunya**, Palau Nacional, Parc de Montjuïc. **Barcelona**. Tel. 93 622 03 60. Horari: de dimarts a dissabte de 10 a 19 h, diumenges i festius de 10 a 14:30 h, dilluns no festiu tancat. Entrada: 4,20 €.

Joan Miró. Sèrie Gaudí
24.5.2002 - 1.9.2002
Exposició de la sèrie de vint-i-un aiguaforts *Homenatge a Gaudí*, realitzada per Joan Miró el 1979. **Fundació Joan Miró**: Parc de Montjuïc s/n. **Barcelona**. Tel. 93 443 94 70. Horari: d'octubre a juny, de dimarts a dissabte de 10 a 19 h; de juliol a setembre, de 10 a 20 h; dijous tot l'any, de 10 a 21:30 h; diumenges i festius tot l'any, de 10 a 14:30 h. Dilluns no festiu, tancat. Entrada a l'exposició: 3,60 €.

Pintors i escultors amics de Gaudí
28.5.2002 - 29.9.2002
Recull d'obres d'artistes contemporanis o que van ser col·laboradors de Gaudí. **Fundación Francisco Godia**, c. València 284, pral. **Barcelona**. Tel. 93 272 31 80. Horari: de dilluns a diumenge de 10 a 20 h. Dimarts tancat. Entrada: 4,5 €.

Els germans Canosa: Fotògrafs, editors i arquitectes
29.5.2002 - 15.7.2002
Recull d'imatges del fons Canosa sobre l'obra de Gaudí durant els anys que van del 1926 al 1927. **Palau Robert**, pg. de Gràcia, 10. **Barcelona**. Tel. 93 292 11 71. Horari: de dilluns a dissabte de 10 a 19 h, diumenge de 10 a 14:30 h. Entrada lliure.

Univers Gaudí
30.5.2002 - 8.9.2002
Una presentació dels cànons estètics de Gaudí i la seva influència en moviments posteriors. **Centre de Cultura Contemporània de Barcelona**, c. Montalegre 5. Tel. 93 306 41 00. Horari: de dimarts a diumenge de 10 a 20 h. Preu: 3,6€.

Scenes. Gaudí a la decoració contemporània
1.6.2002 - 30.6.2002
Els mobles de la Casa Calvet i de la Casa Batlló, dissenyats pel mateix

RAMON MANENT. ANY INTERNACIONAL GAUDÍ ©

LA CASA MILÀ O PEDRERA VA SER L'ÚLTIMA OBRA QUE GAUDÍ VA FER AL PASSEIG DE GRÀCIA

Gaudí, i la seva influència sobre els corrents posteriors en l'interiorisme. **BD Ediciones de Diseño**, c. Mallorca, 291. **Barcelona**. Tel. 93 458 69 09. Horari per confirmar. Entrada lliure.

IMPACTE GAUDÍ
1.6.2002 - 30.9.2002
L'herència dels postulats de Gaudí en els artistes i arquitectes catalans del segle XX. **Centre d'Art Santa Mònica**, Rambla de Santa Mònica, 7. **Barcelona**. Tel. 93 316 28 10. Horari: de dilluns a dissabte d'11 a 14 h i de 17 a 20 h. Diumenges i festius d'11 a 15 h. Entrada lliure.

GAUDÍ I VERDAGUER: TRADICIÓ I MODERNITAT EN LA BARCELONA DEL CANVI DE SEGLE (1878-1912)
6.3.2002 - 9.6.2002
L'any 2002 és també el centenari de la mort de Jacint Verdaguer. **Casa Padellàs** (Museu d'Història de la Ciutat), c. Veguer, 6. **Barcelona**. Tel. 93 315 11 11. Horari: de dimarts a dissabte de 10 a 14 h i de 16 a 20 h, diumenge de 10 a 15 h. Preu per concretar.

L'OBRADOR DE GAUDÍ. GAUDÍ I EL SEU TALLER
10.6.2002 - 31.12.2002
Les formes geomètriques que van inspirar el treball de Gaudí durant els últims anys de la seva vida. **Museu del Temple de la Sagrada Família**, Edifici de les Escoles, c. Mallorca, 401. **Barcelona**. Horari i preu per concretar. Possibilitat d'entrada combinada amb visita al temple i a la Casa-Museu Gaudí del Parc Güell.

GAUDÍ. ART I DISSENY
17.6.2002 - 24.9.2002
La faceta d'interiorista de Gaudí a través de peces originals de mobiliari i decoració. **La Pedrera**, c. Provença, 261. **Barcelona**. Tel. 93 484 59 00. Horari: de dilluns a diumenge, de 10 a 20 h. Entrada lliure.

EXPOSICIÓ GAUDÍ
1.7.2002 - 30.9.2002
Col·lecció d'objectes relacionats amb Gaudí del fons del Cercle Artístic de Sant Lluc. **Cercle Artístic de Sant Lluc**, c. del Pi, 16, pral. **Barcelona**. Tel. 93 302 45 79. Horari: de dilluns a dissabte de 17:30 a 21:30 h. Entrada lliure.

HOMENATGE A GAUDÍ
JULIOL 2002
Exposició col·lectiva social del Cercle Artístic de Sant Lluc. **Cercle Artístic de Sant Lluc**, c. del Pi, 16, pral. **Barcelona**. Tel. 93 302 45 79. Horari: de dilluns a dissabte de 17:30 a 21:30 h. Entrada lliure.

ARTS INDUSTRIALS ALS CARTELLS MODERNISTES
26.7.2002 - 22.9.2002
La col·laboració del capital industrial, la burgesia i l'art durant l'última dècada del segle XIX va tenir com a resultat cartells tan emblemàtics com els de Casas, Rusiñol, Llimona, Gargallo o De Riquer. **MNAC**, Palau Nacional, Parc de Montjuïc. **Barcelona**. Tel. 93 622 03 60. Horari: de dimarts a dissabte de 10 a 19 h. Diumenges i festius de 10 a 14:30 h. Dilluns no festiu tancat. Entrada: 4,20 €.

LA CATEDRAL LAICA: EL PROJECTE D'UN GRATACEL A NOVA YORK D'ANTONI GAUDÍ
1.10.2002 - 31.10.2002
Presentació d'un projecte de Gaudí i Joan Matamala d'un gran hotel a Nova York que mai no es va arribar a construir, en el marc del curs de postgrau sobre Gaudí de l'Escola Tècnica Superior d'Arquitectura de la UPC. **Càtedra Gaudí**, Cavallerisses Güell, av. Pedralbes, 7. **Barcelona**. Tel. 93 204 52 50. Horari per concretar. Entrada lliure.

ELS ARQUITECTES DE GAUDÍ
1.12.2002 - 31.1.2003
En els treballs de Gaudí va intervenir un equip d'arquitectes i artesans, dels quals es guarden dibuixos originals. **Col·legi Oficial d'Arquitectes de Catalunya**, pl. Nova, 5. **Barcelona**. Tel. 93 301 50 00. Horari: de dilluns a divendres de 10 a 21 h. Dissabtes de 10 a 14 h. Entrada lliure.

GAUDÍ I LA NATURA
7.2.2002 - 3.3.2002
Fons de la Fototeca Municipal de Reus relacionats amb Gaudí i el Modernisme. **Institut dels Museus de Reus**, Sala Quatre, pl. de la Llibertat s/n. **Reus**. Tel. 901 11 21 13. Horari: de dilluns a divendres de 18 a 20. Dissabtes d'11 a 13 h i de 18 a 20 h. Diumenges d'11 a 14 h. Entrada lliure.

SANT FELIU I L'ESTIUEIG
17.2.2002 - 5.5.2002
Sant Feliu de Codines va ser un dels llocs preferits pels estiuejants barcelonins de principi del segle XX, que van portar-hi les noves tendències arquitectòniques: el modernisme. **Museu Municipal "Can Xifreda". Sant Feliu de Codines**. Tel. 93 866 22 97. Entrada lliure.

GAUDÍ, RECULL BIBLIOGRÀFIC
4.3.2002 - 5.5.2002
Mostra de documents en suports diversos relacionats amb la vida i el treball de Gaudí. **Centre de Lectura de Reus**, Sala Fortuny, c. Major, 15. **Reus**. Tel. 977 34 07 80. Horari: de dilluns a diumenge de 8 a 21 h. Entrada lliure.

DALÍ I GAUDÍ. LA REVOLUCIÓ DEL SENTIMENT D'ORIGINALITAT
15.3.2002 - 31.12.2002.
Exposició que posa de manifest l'admiració de Dalí per l'opció estètica de Gaudí. **Casa-Museu Castell Gala-Dalí de Púbol**, la Pera. Tel. 972 67 75 00. Horari: obert del 15 de març a l'1 de novembre, de 10:30 a 20 h. Dilluns tancat, excepte festius i vigília de festius. La resta de l'any, cal concertació prèvia. Entrada: 5,50 €.

GAUDÍ & REUS.
PRIMAVERA 2002
Mostra de la vinculació de Gaudí amb Reus a través de tota mena de material documental i biogràfic, procedent de fons particulars.

Museu Salvador Vilaseca, c. Raval de Santa Anna, 59. **Reus**. Tel. 977 34 54 18. Horari: de dimarts a dissabte de 10 a 13 h i de 17 a 20. Diumenges d'11 a 14 h. Entrada lliure.

Mirar Gaudí. Obra fotogràfica de Ramon Manent
12.4.2002 - 17.6.2002
Fons de treballs de l'arxiu Ramon Manent que permeten apreciar el tractament geomètric, estètic i simbòlic en l'obra de Gaudí. **Sala d'exposicions Can Palauet**, c. d'en Palau, 32. **Mataró**. Tel. 93 758 21 01. Horari: de dimarts a divendres de 18 a 21 h. Dissabtes, diumenges i festius, d'11 a 14 h i de 18 a 19 h. Entrada lliure.

Somiant Gaudí
8.5.2002 - 31.5.2002
Mostra fotogràfica de Marian Mar, que posa èmfasi en la plasmació plàstica de l'univers simbòlic de Gaudí. **Centre de Lectura de Reus**, Sala Fortuny, c. Major, 15. **Reus**. Tel. 977 34 07 80. Horari: de dilluns a diumenge de 8 a 21 h. Entrada lliure.

Medalles Gaudí
20.5.2002 - 30.6.2002
Recopilació de les peces més significatives de la tradició medallística de Reus. **Museu Salvador Vilaseca**, c. Raval de Santa Anna, 59. **Reus**. Tel. 977 34 54 18. Horari: de dimarts a dissabte de 10 a 13 h i de 17 a 20 h. Diumenges d'11 a 14 h. Entrada lliure.

Pavelló Institut Gaudí de la Construcció
31.5.2002 - 10.6.2002
Presentació de tècniques constructives dins un original pavelló inflable de 180 metres quadrats. **Parc de Sant Jordi. Reus.** Tel. 901 11 21 13. Horari: d'11 a 14 h i de 16 a 21 h. Entrada lliure.

Gaudí, estudiant a Reus
3.6.2002 - 21.6.2002
14.10.2002 -31.12.2002
L'actual edifici de l'IES Salvador Vilaseca és el mateix on va estudiar Gaudí, quan encara eren les Escoles Pies. **Biblioteca de l'IES Salvador Vilaseca**, c. Misericòrdia, s/n. **Reus**. Tel. 977 75 60 47. Horari per concretar. Entrada lliure.

Gaudí sense Gaudí
7.6.2002 - 30.6.2002
Mostra de treballs dels artistes i arquitectes col·laboradors de Gaudí, on es fa evident la influència del mestre. **Llotja Caixa Tarragona**, pl. Prim, s/n. **Reus**. Tel. 977 29 92 00. Horari: de dilluns a divendres d'11 a 14 h i de 18 a 21 h. Dissabtes de 18 a 21. Entrada lliure.

Gaudí: una reinterpretació fotogràfica
20.6.2002 - 21.7.2002
Mostra de treballs fotogràfics que a través de diferents tècniques, formats i contingut ofereixen una visió inèdita de l'obra de Gaudí. **Institut dels Museus de Reus**, Sala Quatre, pl. de la Llibertat, s/n. **Reus**. Tel. 901 11 21 13. Horari: de dilluns a divendres de 18 a 20 h. Dissabtes d'11 a 13 h i de 18 a 20 h. Diumenges d'11 a 14 h. Entrada lliure.

COLUMNES INCLINADES DE PEDRA BASÀLTICA DE LA CRIPTA DE LA COLÒNIA GÜELL

RAMON MANENT. ANY INTERNACIONAL GAUDÍ ©

Somnis de Gaudí
17.9.2002 - 30.11.2002
Fotografies de temàtica gaudiniana, de Marc Llimargas. **Fontana d'Or**, c. Ciutadans, 19. **Girona**. Tel. 972 20 98 36. Horari: de dilluns a dissabte, 17:30 a 21 h. Entrada lliure.

Els arquitectes col·laboradors de Gaudí
18.9.2002 -20.10.2002
Exhibició de la mostra provinent del fons del Col·legi Oficial d'Arquitectes de Catalunya. **Centre de Lectura de Reus**, Sala Fortuny, c. Major, 15. **Reus**. Tel. 977 34 07 80. Horari: de dilluns a diumenge de 8 a 21 h. Entrada lliure.

Viatge per l'obra de Gaudí
19.9.2002 - 20.10.2002
Fotos que experimenten amb la llum, la forma i el color del treball de Gaudí. **Institut dels Museus de Reus**, Sala Quatre, pl. de la Llibertat, s/n. **Reus**. Tel. 901 11 21 13. Horari: de dilluns a divendres de 18 a 20 h. Dissabtes d'11 a 13 h i de 18 a 20 h. Diumenges d'11 a 14 h. Entrada lliure.

El factor Gaudí. Forma orgànica
17.10.2002 - 15.11.2002
Fotos en blanc i negre de Josep M. Jornet, fruit de més de cinquanta anys de treball. **Claustre de l'IES Salvador Vilaseca**, c. Misericòrdia, s/n. **Reus**. Tel. 977 75 60 47. Horari per concretar. Entrada lliure.

Exposició filatèlica
4.11.2002 - 29.11.2002
Recull d'elements filatèlics relacionats amb Gaudí i la seva obra. **Palau Bofarull**, c. Llobera, 15. **Reus**. Tel. 901 11 21 13. Horari per concretar. Entrada lliure.

L'obra de Gaudí en postals.
4.11.2002 - 29.11.2002
Tres-centes imatges de l'obra de Gaudí, recollides al llarg de tot el segle xx, procedents de la col·lecció Domènec Solé. **Palau Bofarull**, c. Llobera, 15. **Reus**. Tel. 901 11 21 13. Horari per concretar. Entrada lliure.

Jujol dissenyador
17.9.2002 - 10.11.2002
Un centenar de peces del deixeble de Gaudí, amb una bona representació dels seus dissenys de mobiliari. **Fundació "la Caixa"**, pl. de Weyler, 3. **Palma de Mallorca**. Tel. 971 17 85 00. Horari: de dimarts a dissabte de 10 a 21 h. Diumenges i festius de 10 a 14 h. Dilluns no festius tancat. Entrada lliure.

Universo Gaudí
15.10.2002 - 6.1.2003
Exposició del fons del Museu Reina Sofia amb aportacions del Centre de Cultura Contemporània de Barcelona. **Museo Nacional Centro de Arte Reina Sofía**, c. Santa Isabel, 52. **Madrid**. Tel. 91 467 50 62. Horari: de dilluns a dissabte de 10 a 21 h. Diumenges de 10 a 14:30 h. Dimarts no festiu tancat. Entrada: 3 €.

Gaudí innovador
2.5.2002 - 24.5.2002
Fotografies, plànols i maquetes de l'obra de Gaudí. **Ambaixada d'Espanya a la Haia**, Lange Voorhout, 50, la Haia. **Països Baixos**. Posteriorment es podrà veure de l'1-6-2002 al 30-6-2002 a la Universitat de Stuttgart. Tel. +49 711 12 10.

Exposicions permanents

Casa-Museu Gaudí
La casa on va viure Gaudí ha mantingut l'estructura bastant intacta. Ctra. del Carmel, s/n. **Barcelona**. Tel. 93 219 38 11. Horari: de dilluns a diumenge de 10 a 17:45 h. Entrada: 3 €.

Espai Gaudí
Centre d'estudi i documentació sobre l'obra de Gaudí. **Centre Cultural Caixa Catalunya**, la Pedrera, c. Provença 261-265. **Barcelona**. Tel. 93 484 59 95. Horari: de dilluns a diumenge de 10 a 20 h. Entrada: 6 €.

Museu d'Art Modern del MNAC
Col·leccions del Modernisme amb treballs de Gaudí i dels seus col·laboradors. **Parc de la Ciutadella**, s/n. **Barcelona**. Tel. 93 319 57 28. Horari: de dimarts a dissabte de 10 a 19 h. Diumenges i festius de 10 a 14:30. Dilluns tancat. Entrada: 3 €.

Museu del Temple Expiatori de la Sagrada Família
Arxiu dels treballs preparatoris de Gaudí per a la Sagrada Família i recorregut per la història del temple. **Museu de la Sagrada Família**, c. Mallorca, 401. **Barcelona**. Tel. 93 207 30 31. Horari: de dilluns a diumenge de 9 a 18 h. Entrada: 6 €.

Reial Càtedra Gaudí, UPC
Cavallerisses Güell, Finca Güell, av. de Pedralbes, 7. **Barcelona**. Tel. 93 204 52 50. Horari: laborables de 9 a 14 h. Per visitar-les els caps de setmana cal consultar-ho prèviament. Entrada lliure.

Ramon Manent. Any Internacional Gaudí ©

LES XEMENEIES DE LA PEDRERA SEMBLA QUE SEGUEIXIN EL MOVIMENT QUE FA EL FUM

Conferències i xerrades

Escoltar Gaudí. Cicle
8.1.2002 - 4.6.2002
Glossa de la figura de Gaudí, en el context històric i tecnològic català i internacional, de la mà, entre d'altres, d'Alberto Estévez, Joan Bassegoda i Nonell (director de la Reial Càtedra Gaudí) o Etsuro Sotoo. **Escola Superior d'Arquitectura de la Universitat Internacional de Catalunya**, c. Immaculada 22, cant. Iradier. **Barcelona**. Tel. 93 254 18 27. Horari: els dimarts, a les 18:30. Preu del cicle complet: 150 €.

Antoni Gaudí: arquitectura misteriosa. Cicle
5.2.2002 - 12.3.2002
Conferències a carrec d'estudiosos que treballen en l'obra de Gaudí. **Palau de la Virreina**, la Rambla, 99. **Barcelona**. Tel. 93 301 77 75. Horari per concretar. Entrada lliure.

Gaudí i el Cercle Artístic de Sant Lluc. Cicle
9.4.2002 - 25.6.2002
Conferències sobre la vinculació de Gaudí al Cercle, del qual fou membre. **Cercle Artístic de Sant Lluc**, c. del Pi, 16. **Barcelona**. Tel. 93 302 45 79. Horari per concretar. Entrada lliure.

Converses a Barcelona
11.4.2002 - 16.5.2002
Oriol Bohigas, Lluís Permanyer, Francesc Fontbona, Jorge Wagensberg, Claudi Alsina i Juli Capella conversen amb Daniel Giralt-Miracle. **Palau de la Virreina**, la Rambla, 99. **Barcelona**. Tel. 93 301 77 75. Horari per concretar. Entrada lliure.

Gaudí. Experiències. Cicle
9.5.2002 – 13.6.2002
Sèrie de conferències centrades de l'exposició homònima. **Col·legi Oficial d'Arquitectes de Catalunya**, pl. Nova, 5. **Barcelona**. Tel. 93 301 50 00. Horari: els dijous; l'hora encara està per concretar. Preu per concretar.

El temps de Gaudí: arquitectes, ciutats i pensament
Juny 2002
Conferència sobre els grans arquitectes modernistes d'arreu del món i el ressò del Modernisme a les principals ciutats a final s. XIX. **Centre de Cultura Contemporània de Barcelona**, c. Montalegre, 5. Barcelona. Tel. 93 306 41 00. Horari i preu per concretar.

Gaudí i la dimensió transcendent. Cicle.
12,13, 19, 20 de juny 2002
Aproximació a l'espiritualitat d'Antoni Gaudí. **Fundació Joan Maragall**, c. València 244, 2n. **Barcelona**. Tel. 93 488 08 88. Horari i preu per concretar.

Els arquitectes de Gaudí
5 i 12 de desembre de 2002
Conferències complementàries a l'exposició del mateix nom. **Col·legi d'Arquitectes de Catalunya**, pl. Nova, 5. **Barcelona**. Tel. 93 301 50 00. Horari i preu per concretar.

Cicle de xerrades i conferències
Any 2002
Diferents entitats ofereixen xerrades sobre la vida i l'obra de Gaudí a diversos espais de la ciutat. **Reus**. Horaris i llocs per concretar. Tel. 901 11 21 13. Entrada lliure.

Gaudí i el seu temps
Gener - desembre 2002
Xerrades sobre diferents aspectes de la vida i l'obra de Gaudí a divesos **centres cívics municipals**. Tel. 901 11 21 13. Llocs i horaris per determinar. Entrada lliure.

Seminaris

Trobada de pàgines web
23- 24.3.2002
Espai per intercanviar idees, informació i recursos sobre les pàgines d'Internet dedicades a Gaudí. **Recinte de la Fira de Reus**. Tel. 901 11 21 13. Horari: dissabte de 10 a 20 h. Diumenge de 10 a 16 h. Entrada lliure.

Congressos

VIII Congrés Virtual d'Arquitectura: Entorn Gaudí
21.3.2002 - 21.6.2002
Escola Superior d'Arquitectura de la Universitat Internacional de Catalunya, c. Immaculada 22, cant. Iradier. **Barcelona**. Tel. 93 254 18 27. Envieu les intervencions a l'adreça: infoesarq@unica.edu.

Consell General de la Unió Internacional d'Arquitectes
26- 27- 28.2.2002
Col·legi Oficial d'Arquitectes de Catalunya, pl. Nova, 5. **Barcelona**. Tel. 93 301 50 00. Participació restringida només per als membres del Consell.

Congrés Rotary Internacional
23- 26.6.2002
Palau Sant Jordi, Barcelona. Tel. 93 426 20 89. Horari i preu encara estan per concretar.

Congrés Gaudí creador i mestre: Jujol i Martinell
17.4.2002 - 19.4.2002
L'estudi en detall de la influència de Gaudí en els seus deixebles i la recreació dels elements gaudinians per part de Jujol i Martinell. Aula Magna de la Facultat de Lletres, **Universitat Rovira i Virgili**, pl. Imperial Tàrraco, 1. **Tarragona**. Tel. 977 55 95 95. Inscripció gratuïta. Horari de les xerrades: de 16 a 20 h. Matins: dimecres visita a la Tarragona monumental, dijous recorregut pel Reus modernista, divendres ruta pels edificis de Jujol al Camp de Tarragona. Cal inscriure's a la Facultat de Lletres. Activitat gratuïta.

Jornades sobre Gaudí
23.11.2002 - 30.11.2002
Reunió d'experts en la vida i l'obra de Gaudí, convocats per la Universitat Rovira i Virgili. **Centre de Lectura de Reus**, c. Major, 15. **Reus**. Tel. 977 34 07 80. Horari de dilluns a diumenge de 8 a 21 h. Entrada lliure.

Tallers i cursos

Barcelona 1900
1.1.2002 - 1.4.2002
Assignatura optativa per a alumnes de segon cicle de la Llicenciatura d'Història de l'Art. **Facultat de Geografia i Història de la Universitat de Barcelona**, Departament d'Història de l'Art, c. Baldiri Reixac, s/n. Barcelona. Tel. 93 333 34 66

Gaudí i el Modernisme català
18.2.2002 - 31.5.2002
Programa de postgrau sobre Gaudí i el Modernisme, que també inclou el cicle de conferències *El temps de Gaudí: arquitectes, ciutats i pensament* i l'exposició *La catedral laica: el projecte d'un gratacel a Nova York*, a la Reial Càtedra Gaudí. **Escola Tècnica Superior d'Arquitectura de Barcelona**, Universitat Politècnica de Catalunya, av. Diagonal 649. Barcelona. Tel. 93 401 63 59. Només per a alumnes matriculats al començament del curs acadèmic.

Els juliols de la UB
1.7.2002 - 19.7.2002
Cursos intensius d'estiu al voltant de la figura i l'obra de Gaudí. Lloc, horari i preu, encara estan per concretar. Tel. 93 402 11 00

Concursos i premis

Sentir Gaudí. Concurs literari
23.4.2002
Certamen de prosa i poesia sobre Antoni Gaudí, per a alumnes de batxillerat i per a alumnes universitaris. **Universitat Internacional de Catalunya**, c. Immaculada 22, cant. Iradier. **Barcelona**. Tel. 93 254 18 27

Sentir Gaudí. Concurs fotogràfic
23.4.2002
Concurs de fotografia sobre Gaudí, amb dues categories: alumnes de batxillerat i alumnes universitaris. **Universitat Internacional de Catalunya**, c. Immaculada 22, cant. Iradier. **Barcelona**. Tel. 93 254 18 27

Concurs Internacional "Reus Gaudí 2002" Any 2002
Concurs per a projectes d'arquitectura i/o d'urbanisme. Les dotacions d'aquest concurs són: primer premi, 24.000 €; segon, 12.000 €, i tercer: 6.000 €. Lliurament de premis: 16 de novembre. Publicació de les bases durant el primer trimestre de 2002. Tel. 977 75 96 00

Espectacles

Gaudí
23.4.2002 - 30.5.2002
Espectacle musical basat en la vida de Gaudí. **Palau d'Esports**, c. Lleida, 40. **Barcelona**. Tel. 010/ 93 291 80 45. Horari: dimecres i divendres a les 21:30 h. Dijous i dissabtes a les 17 h i a les 21:30 h. Diumenges a les 18:30. Entrada: de 15,30 € a 36,6 €.

Nit màgica. Especial Les Tres Bessones
28- 29.6.2002 i 26- 27.7.2002
Les Tres Bessones acosten l'obra i el personatge de Gaudí als petits. **Parc Güell**, c. Olot. **Barcelona**. Tel. 010/ 93 291 80 45. Horari i preu de l'entrada per concretar.

Gaudí, l'espai del temps. Nits de música al Temple de la Sagrada Família
Agost 2002
Música de períodes diferents, en harmonia amb les formes de la **Sagrada Família**. c. Mallorca, 401. **Barcelona**. Tel. 93 207 30 31. Dates, horari i preu per concretar.

Trobada de castellers a la Sagrada Família
21.9.2002
Diada castellera de la Festa Major de la Mercè, davant de la **Sagrada Família**. Pl. de la Sagrada Família, **Barcelona**. Tel. 010/ 93 291 80 45. L'horari encara no està confirmat. Cal trucar-hi prèviament.

Ramon Manent. Any Internacional Gaudí ©

LA SALA DE PAS DEL PALAU GÜELL. TÉ CINC ARCADES; LES COLUMNES S'AGUANTEN EN BASAMENTS TRIANGULARS

MTV Europe Music Awards 2002
13.11.2002
Novena edició d'aquest concurs musical, que se celebrarà per primer cop a l'Estat espanyol.
Palau Sant Jordi. Barcelona.
Tel. 010/ 93 291 80 45. Horari i preu de les entrades per concretar.

Cine Club: "Gaudí"
14.3.2002
Projecció de la pel·lícula de Manuel Huerga, una ambiciosa biografia de l'arquitecte. **Centre de Lectura de Reus**, c. Major, 15. Reus.
Tel. 977 34 07 80. Horari: 22:00 h. Entrada per concretar.

Voleu venir a l'òpera?
26.4.2002 - 10.5.2002
Obra de teatre a càrrec dels alumnes de primària que recrea la vida a Reus durant l'època de Gaudí.
IES Baix Camp, c. Jacint Barrau, s/n. **Reus**. Tel. 977 31 39 00. Horari: 17 h. Entrada lliure.

L'entorn musical de Gaudí
19.5.2002
Concert a càrrec de l'Orquestra Barcelona Simfonietta, sota la direcció de Francesc Llongueres, que interpretarà una obra composta expressament per a l'any Gaudí.
Teatre Bartrina, Centre de Lectura de Reus, c. Major, 15. **Reus**.
Tel. 977 34 07 80. Horari: 19 h. Preu de l'entrada per concretar.

Projeccions audiovisuals al campanar
14.6.2002 - 30.6.2002
Projecció de muntatges audiovisuals sobre la façana i el campanar de la Prioral. **Prioral de Sant Pere. Reus.** Tel. 901 11 21 13. Participació lliure.

Els genis de la creativitat. Segon bateig de Gaudí
25.6.2002
Espectacle de llum i so a càrrec dels Comediants pels voltants de la Prioral, recreant lliurement el bateig de Gaudí, a l'església on es va fer de debò. **Prioral de Sant Pere. Reus.**
Tel. 901 11 21 13. Entrada gratuïta.

Cine Club
4.7.2002
Dins el "Cicle de Cinema a La Palma" es projectarà alguna pel·lícula sobre Gaudí. **Edifici La Palma**, c. Ample, s/n. **Reus**.
Tel. 901 11 21 13. Horari: 22:30h.

El Trencadís
21.10.2002
Estrena avançada de fragments de l'òpera "Gaudí", de Josep M. Carandell i Joan Guinjoan, prevista d'estrenar al Gran Teatre del Liceu de Barcelona l'any 2004.
Teatre Bartrina, Centre de Lectura de Reus, c. Major, 15. **Reus**.
Tel. 977 34 07 80. Horaris i preu de l'entrada encara estan per concretar.

El jove Gaudí
18.11.2002
Dramatització de la vida de Gaudí, que anirà a càrrec de Ràdio Reus, tenint en compte el context social, de l'arquitecte. **Teatre Bartrina**, Centre de Lectura de Reus, c. Major, 15. **Reus**.
Tel. 977 77 21 21. Horari per concretar. Entrada lliure.

Los Girasoles
1.5.2002 - 31.5.2002
Producció coreogràfica inspirada en la literatura de Gaston Bachelard, la pintura de Van Gogh i Anselm Kiefer i l'arquitectura de Gaudí.
Centro Coreográfico de León.
Tel. 987 25 00 53. L'horari, el lloc i el preu encara estan per concretar.

La mujer de la arena
1.7.2002 - 31.7.2002
Muntatge coreogràfic basat en la novel·la de Kobo Abe. Horari, lloc i preu per concretar. **Centro Coreográfico de León**.
Tel. 987 25 00 53.

Rutes

Visita guiada a la Casa Batlló
1.3.2002 - 30.12.2002
Per primer cop es pot visitar la planta noble de la Casa Batlló, on es pot admirar el Gaudí interiorista.
Casa Batlló, pg. de Gràcia, 43.
Barcelona. Tel. 93 488 06 66. Horari i preu per concretar.

Mirar Gaudí. Itinerari per Barcelona sobre l'obra de Gaudí.
Sortides de mig dia amb visita a la **Sagrada Família, la Casa Milà i la Casa Batlló**: 2.3.2002 - 6.4.2002 - 4.5.2002 - 1.6.2002. I sortides de tot el dia amb visites a la **Sagrada Família, la Casa Milà, la Casa Batlló, el Parc Güell, la Finca Güell, la Casa Vicens i el Palau Güell**: 9.3.2002 – 13.4.2002 – 11.5.2002 – 8.6.2002.
Punt de trobada per a totes les sortides: Sagrada Família (**Barcelona**). Tel. 93 254 18 27. Preu: 24,04 €. Inlou l'entrada a la Pedrera i el transport en minibús.

Barcelona Bus Turístic Gaudí 2002
De març a setembre 2002
Inauguració d'un nou recorregut del Bus Turístic que ressegueix les

Miguel Raurich
Miguel Raurich

BANC DEL PARC GÜELL. TAMBÉ FA LA FUNCIÓ DE BARANA

exposicions que es fan sobre Gaudí i els seus edificis més emblemàtics.
Barcelona. Tel. 010/ 93 291 80 45.
Horari: diari de 9 a 19 h. Freqüència de pas: 10-20 min. Bitllet: 14 €.

Ruta Gaudí
1.4.2002 - 30.9.2002
Circuits urbans que permeten visitar les obres de Gaudí, amb la possiblitat d'un tiquet especial per entrar als edificis. Informació al **Centre del Modernisme**, Casa Amatller, pg. de Gràcia, 41.
Barcelona. Tel. 93 488 01 39.
Horari i preu per concretar.

Visites guiades a la Sagrada Família
Dilluns, divendres, dissabtes i diumenges de maig a novembre
Sagrada Família, c. Mallorca, 401.
Barcelona. Tel. 93 207 30 31.
Horari: cada dia a partir de les 11 h en anglès; a les 12 h en català i castellà, i a les 13 h de nou en anglès. Entrada: 9 € (el preu també inclou la visita al Museu).

Ruta Gaudí: Cambril, retaule Berenguer- Gaudí i el misteri de la Glòria
Monestir de Montserrat.
Tel. 93 877 77 77.
Activitat lliure.

Ruta "Gaudí i el Modernisme a Reus".
A partir d'abril de 2002
Recorregut pels punts més importants relacionats amb la biografia i l'obra de l'arquitecte Antoni Gaudí.
Visites guiades individuals i per a grups, temàtiques i generals, de diferens durades. **Patronat Municipal de Turisme de Reus**.
Tel. 977 34 58 97.

Activitats infantils i didàctiques

Viu l'arquitectura amb Gaudí
Abril - desembre 2002
Xerrades i activitats didàctiques a les bilioteques de Barcelona per familiaritzar el nens amb el món d'Antoni Gaudí.
Biblioteques de Barcelona.
Tel. 010/ 93 291 80 45.
Participació lliure.

L'obra de Gaudí com a recurs educatiu
16.1.2002 - 2.2.2002 - 10.4.2002 - 11.5.2002
Sessions tècniques per poder treballar Gaudí a les aules. **Auditori del Centre Cultural Caixa de Catalunya**, la Pedrera, c. Provença, 261. **Barcelona**. Tel. 93 484 59 00

Tallers educatius al Centre Cultural Caixa Catalunya: Gabinet Gaudí
Curs acadèmic 2001-2002
Tallers sobre: Gaudí i la tradició arquitectònica, natura i geometria, la Pedrera. Específics per a Educació Infantil i Primària, ESO, Batxillerat, escoles taller, cicles formatius i escoles d'adults.
Centre Cultural Caixa Catalunya, la Pedrera, c. Provença 261.
Barcelona. Informació per a escoles. Tel. 93 484 59 00

Tocar Gaudí
16.3.2002 - 20.4.2002 - 18.5.2002 - 15.6.2002
Tallers de treballs manuals adreçats a nens d'entre 6 i 12 anys per treballar l'obra i la figura de Gaudí.
Universitat Internacional de Catalunya, c. Immaculada 22.
Barcelona. Tel. 93 254 18 27.
Horari: dissabtes de 11-13 h.
Preu de l'activitat: 4,2 €.

VISITES GUIADES PER A ESCOLARS A L'EXPOSICIÓ TEMPORAL "GAUDÍ. ART I DISSENY"
18.6.2002 - 24.9.2002
Centre Cultural Caixa de Catalunya, la Pedrera, c. Provença 261, **Barcelona**. Tel. 93 484 59 00. De dilluns a divendres, de 10 a 20 h. Preu per concretar.

EL GABINET GAUDÍ. UNA EXPERIÈNCIA DIDÀCTICA
Taller- exposició itinerant de la Fundació Caixa Catalunya, que durant tot l'any viatjarà per diferents localitats de Catalunya (Agramunt, Cambrils, Falset, Figueres, Moià, Olot, la Pobla de Lillet, etc.). Informació al **Centre Cultural Caixa de Catalunya**, la Pedrera, c. Provença, 261. **Barcelona**. Tel. 93 484 59 00

CONCURS GAUDÍ 2002
14.1.2002 - 23.4.2002
Obert a la participació de tots els alumnes dels centres d'educació primària de **Reus**. Tema: la figura de Gaudí, la seva obra o el Modernisme. Tel. 901 11 21 13. Participació restringida als alumes, a través dels centres docents.

GAUDIR GAUDÍ
16.2.2002 - 15.6.2002
Concurs sobre Gaudí entre els alumes de 6è de primària de les escoles de **Reus**. Organitza: Ràdio Reus, c. Josep Tapidó. Tel. 977 77 21 21. Participació restringida als alumes a través dels centres docents.

GAUDÍ. ART I TÈCNICA
22.4.2002 - 10.5.2002
Exposició organitzada per l'Espai Gaudí de la Pedrera sobre la importància de Gaudí en la història de l'arquitectura. **Museu Salvador Vilaseca**, c. Raval de Sta. Anna, 59. **Reus**.Tel. 977 34 54 18. Horari: de dimarts a dissabte de 10 a 13 h i de 17 a 20 h. Diumenges d'11 a 14 h.Entrada lliure.

TALLER GAUDÍ
15.7.2002 - 26.7.2002
Proposta per a les vacances dels nens, que consistirà a crear un aparador seguint la tècnica i l'estil de Gaudí. **Edifici La Palma**, c. Ample, s/n. **Reus**. Tel. 901 11 21 13. Horari: de dilluns a divendres, de 18 a 20 h. Preu de la matrícula, per concretar.

Altres activitats

ACTE INAUGURAL DE L'ANY GAUDÍ
20.3.2002
Acte acadèmic on participaran arquitectes de renom internacional com Oriol Bohigas, Norman Foster, Frank O. Gehry i Arata Isozaki. **Saló de Cent de l'Ajuntament de Barcelona**, Pl. de Sant Jaume, 1. Barcelona. Tel. 010/ 93 291 80 45. Horari: 18:30 h. L'entrada estarà restringida a persones que tinguin invitació.

MIGUEL RAURICH
GAUDÍ ES VA DEDICAR DURANT QUARANTA ANYS A LA SAGRADA FAMÍLIA

MILLA GAUDÍ. DE LA PEDRERA A LA SAGRADA FAMÍLIA
21.4.2002
Primera edició d'aquesta cursa, de participació restringida a atletes de categoria sènior federats. **Fundació Claror**, Esportiu Claror, c. Sardenya, 333. **Barcelona**. Tel. 93 476 13 90

MILLA SAGRADA FAMÍLIA
21.4.2002
Divuitena edició d'aquesta cursa popular, oberta a la participació d'atletes. **Fundació Claror**, Esportiu Claror, c. Sardenya, 333 i Poliesportiu Municipal Sagrada Família, c. Cartagena, 231-239. **Barcelona**. Tel. 93 476 13 90. Participació lliure, prèvia inscripció.

FESTA GAUDÍ
1.6.2002
Jornada de portes obertes a museus i **centres vinculats a l'any Gaudí**. Inclourà un espectacle piromusical a diversos edificis de Gaudí a **Barcelona**. Tel. 010/ 93 291 80 45.

JORNADA DELS ARTESANS DE GRÀCIA
19.10.2002 - 20.10.2002
Fira d'artesania en un entorn gaudinià. **Sala Hipòstila del Parc Güell**, c. Olot, **Barcelona**. Tel. 010/ 93 291 80 45. Entrada lliure.

PRESENTACIÓ DEL LLIBRE "L'ESTENDARD DE L'ORFEÓ FELIUÀ"
16.3.2002
Ramon Casalé i Francesc Garriga són els autors d'aquest estudi sobre l'estendard de l'agrupació coral de Sant Feliu de Codines, emblema dissenyat per Gaudí. **Centre Cívic "La Fonteta"**, pl. Josep Humbert Rosat, s/n. **Sant Feliu de Codines**. Tel. 93 866 25 70. Horari per concretar. Entrada lliure.

REHABILITACIÓ DE LA CASA DE LA FAMÍLIA GAUDÍ.
ABRIL 2002
Rehabilitació de les façanes de l'edifici de la família Gaudí i col·locació d'una placa commemorativa. La casa formarà part de la ruta **"El Modernisme a Reus"**. Dia i hora per concretar. Tel. 977 34 58 97. Participació lliure.

INAUGURACIÓ DEL PARC GAUDÍ
14.4.2002
Festa d'inauguració del parc que s'ha batejat amb el nom d'Antoni Gaudí, on es col·locarà una escultura. **Alella**. Ajuntament d'Alella. Tel. 93 555 23 39. Horari per concretar. Participació lliure.

MOSAIC GEGANT
25.5.2002
Reproducció de l'esborrany de Gaudí dels arranjaments de la façana del **Santuari de la Misericòrdia**. Pl. del Mercadal. **Reus**. Durada: tot el dia. Tel. 901 11 21 13. Participació lliure.

ANY DELS OFICIS DE LA CONSTRUCCIÓ
31.5.2002
Mostra itinerant de rèpliques a escala real d'elements decoratius de l'arquitectura de Gaudí. **Reus**. Tel. 901 11 21 12. Participació lliure.

ENS APROPEM A GAUDÍ
JUNY 2002
Tallers i activitats variades per divulgar l'obra i la vida de Gaudí. **Centres Cívics Municipals. Reus**. Tel. 977 75 96 00. Dates i horaris per concretar. Entrada lliure.

CASA NATAL DE GAUDÍ
25.6.2002
Inauguració de la restauració de la **Casa Gaudí** i descoberta d'una placa commemorativa al **Mas de la Caldrerera. Riudoms**. Tel. Aj. de Riudoms: 977 85 03 50. Horari per concretar. Participació lliure.

RESTAURACIÓ DE L'EDIFICI DE LA COOPERATIVA LA OBRERA MATARONENSE.
ANY 2002
c. Cooperativa/ cant. Tos i Codina. **Mataró**. Promotor: Ajuntament de Mataró. Tel. 93 758 21 00

ESCULTURA
ANY 2002
Restauració i reubicació del monument a la memòria d'Antoni Gaudí. **Vilanova i la Geltrú**. Data per concretar. Ajuntament de Vilanova i la Geltrú. Tel. 93 814 00 00

CD-ROMS

GAUDÍ O EL JOC DE L'ARQUITECTE
Barcelona Multimèdia.
Primer joc en CD-ROM, en què cal construir deu maquetes de les obres més importants de Gaudí.

Recursos didàctics

GAUDIR GAUDÍ
Barcelona: Institut Municipal d'Educació (Ajuntament de Barcelona) i Departament d'Ensenyament (Generalitat de Catalunya), 2002.

Produccions audiovisuals

PASSIÓ PER GAUDÍ
Documental elaborat per Santiago Torres, Lluís Montserrat i Ferran Prat per al programa "30 minuts" de TV3.

GAUDÍ: L'ARQUITECTE DE LA NATURA
Un documental que aborda la relació entre l'obra de Gaudí i les

formes geomètriques naturals de la zona de la Capadòcia, a Turquia. Produït per Octubre Produccions per a Televisió de Catalunya, S.A., amb la realització de Xavier Juncosa i l'assessorament de Xavier Bru de Sala.

Les ombres de Gaudí
Documental d'investigació sobre els processos creatius de Gaudí, realitzat per Toni Hernàndez (direcció), José Angel Montiel i Teresa Vilardell (guió) i Raimon Masllorens (producció executiva). Produït per La Productora S.A., Televisió de Catalunya S.A., Sogecable i Discovery Network Ink.

Les tres bessones i Gaudí
Capítol de la seguida sèrie de dibuixos animats Les Tres Bessones, que en aquest cas té com a objectiu apropar-lo als més petits.

Els Gaudins
És també una sèrie de dibuixos animats, però en aquest cas tant els personatges com els escenaris estan inspirats en obres de Gaudí. La productora de la sèrie és Abilbo.

MÉS INFORMACIÓ: Adreces i telèfons

Oficina d'informació de la Virreina
Palau de la Virreina, la Rambla, 99. **Barcelona**. Tel. 93 301 77 75.

Oficina d'Informació de Turisme a Barcelona
Pl. de Catalunya, 17. Tel. 906 30 12 82

Oficina d'Informació de Turisme a Barcelona
C. Ciutat, 2. Tel. 906 30 12 82

Centre del Modernisme Casa Amatller
Pg. de Gràcia, 41, baixos. **Barcelona**. Tel. 93 488 01 39.

Centre d'Interpretació del Parc Güell
Pavelló d'entrada, c. Olot, s/n. **Barcelona**. En funcionament: març.

Palau Robert. Centre d'Informació Turística de Catalunya
Pg. de Gràcia, 107. **Barcelona**. Tel. 93 292 11 71.

Punt d'Informació Cultural
Rambla Santa Mònica, 7, baixos. **Barcelona**. Tel. 93 316 27 80/ 93 316 28 10.

Sagrada Família
Pl. de la Sagrada Família. **Barcelona**. Tel. 93 207 30 31.

Pàgines web

www.gaudi2002.bcn.es
En aquesta pàgina web trobareu tota la informació necessària sobre les activitats previstes amb motiu de l'Any Internacional Gaudí, a més de moltes altres dades relacionades amb la figura de l'arquitecte. També conté seccions molt completes, com ara la Gauditeca, que conté moltes de les pàgines webs que s'han creat a l'entorn de la figura del genial arquitecte nascut al Baix Camp. Des de la mateixa pàgina web es pot enllaçar amb aquestes altres pàgines webs. Altres seccions són: *Gaudí en imatges, Productes 2002, Reus 2002, León 2002, Qui va ser Gaudí?, Notícies, Bus Gaudí, Gabinet de premsa, Qui promou l'any Gaudí?, Fòrum, El pensament de Gaudí, Què s'ha dit sobre Gaudí?*

El llibre

Gaudí 2002 Miscel·lània
És el títol del llibre que s'ha editat amb motiu de l'Any Gaudí. L'obra ofereix una visió actualitzada de l'obra i de la figura de l'arquitecte. Està il·lustrat amb més de 400 imatges. També presenta articles realitzats per estudiosos del món de l'art, de l'arquitectura i de la història, que analitzen i glossen detalladament tots els aspectes del món que envolten i matisen la figura polièdrica de l'arquitecte Antoni Gaudí. L'obra estarà editat en diferents idiomes, en català, en castellà i en anglès.

Ramon Manent. Any Internacional Gaudí ©

PARC GÜELL. L'ARQUITECTE HI VA DISSENYAR CAMINS ADAPTATS A LA TOPOGRAFIA DEL LLOC

Concepte i realització
Edícola-62,sl / Grup 62

Disseny de la Coberta
Josep Solà

Disseny Gràfic
Elisabeth Tort

Maquetació
Maite Díez

Edició
Lara Toro
Lurdes Rego
Trinitat Ruiz

Crèdits fotogràfics
Miguel Raurich
pàgines 8-9, 10, 12-13, 18-19, 20-21, 22-23, 26-27, 28-29, 32-33, 34-35, 36-37, 38-39, 40-41, 43, 44-45, 47, 48-49, 50-51, 53, 54-55, 61, 62 i coberta

Manel Armengol
pàgines 16-17, 24-25, 30-31, 42

Francesc Anglès
pàgina 27

Ramon Manent
Any Internacional Gaudí
pàgina 56, 57, 58, 59, 60, 63 i contracoberta

Lluís Toro
pàgina 53